LE TOP 100 DE L'EFFRAYANT

Anna Claybourne

Catalogage avant publication de Bibliothèque et Archives
nationales du Québec et Bibliothèque et Archives Canada

Claybourne, Anna

    Le top 100 de l'effrayant

    Traduction de : 100 scariest things on the planet.

    Pour les jeunes de 9 à 12 ans.

    ISBN 978-2-89654-272-7

    1. Peur - Ouvrages pour la jeunesse. 2. Horreur - Ouvrages
pour la jeunesse. 3. Animaux dangereux - Ouvrages pour la jeunesse.
I. Titre. II. Titre: Top cent de l'effrayant.

BF575.F2C52214 2012   j152.4'6   C2011-941685-9

Titre original : *100 SCARIEST THINGS ON THE PLANET*

Conçu et édité par Marshall Editions
The Old Brewery
6 Blundell Street, London N7 9BH
www.quarto.com

Copyright © 2011 Marshall Editions

Directeur éditorial : James Ashton-Tyler   Responsable d'édition : Emily Collins
Éditeur : Sorrel Wood   Production : Nikki Ingram
Design : Tim Scrivens, Ali Scrivens

Imprimé et relié en Chine par Toppan Leefung Printers Ltd

Pour l'édition canadienne en langue française
Copyright © Ottawa 2012 Broquet inc.
Dépôt légal – Bibliothèque et archives nationales du Québec
1er trimestre 2012

ISBN : 978-2-89654-272-7

 Broquet

97-B, Montée des Bouleaux, Saint-Constant, Qc, Canada, J5A 1A9
Internet : www.broquet.qc.ca   Courriel : info@broquet.qc.ca
Tél. : 450 638-3338   Téléc. : 450 638-4338

LE TOP 100 DE L'EFFRAYANT

Anna Claybourne

SOMMAIRE

Créatures monstrueuses et sciences de l'étrange 60

Cascades incroyables et prouesses terrifiantes 82

INTRODUCTION

Qu'est ce que la frayeur? Un trouble causé par mille et unes choses et qui se manifeste de différentes façons. Certains sauteront au plafond en apercevant une araignée. D'autres paniqueront face au vide. En fait, tout dépend de vous.

LA PEUR

La peur est un sentiment étrange – généralement elle nous rend malade ou nous secoue littéralement, mais parfois elle nous excite ou même nous amuse! On aime se faire peur – en montant à bord d'un grand huit ou en savourant ces moments de terreur devant un film angoissant. On peut penser que nous y trouvons du plaisir parce que ces expériences nous confrontent à nos peurs, sans réellement nous mettre en danger.

AFFRONTER OU FUIR

Cette faculté à ressentir la peur est utile – elle nous prépare à affronter ce que nous jugeons dangereux ou effrayant. Il s'agit alors d'affronter ou de fuir. Lorsque nous sommes effrayés, notre cœur bat plus vite, notre respiration s'accélère et nous commençons parfois à transpirer.

LE RÔLE DE LA PEUR

Ces manifestations préparent l'organisme à fuir en courant si nécessaire, ou à combattre l'ennemi, si nous sommes attaqués. L'accélération de notre rythme cardiaque et de notre respiration entraîne un afflux d'oxygène dans nos cellules. Ainsi, nos muscles sont prêts à passer à l'action. La légère moiteur de nos mains favorise une meilleure prise en cas de lutte ou lorsque nous cherchons à escalader pour fuir un danger.

ATTENTION!

Certains faits, événements ou situations présentés ici sont effrayants à juste titre – il s'agit souvent de choses très dangereuses! La pratique d'un sport extrême ou de cascades exige de l'entraînement et des équipements. N'essaye en aucun cas d'imiter l'une ou l'autre des prouesses détaillées dans cet ouvrage.

Deux amateurs de base jump après leur saut intrépide du sommet de la tour Mao à Shanghai, en Chine.

PHOBIE

La phobie est une peur à l'intensité disproportionnée par rapport au risque encouru. Parmi les phobies les plus répandues se trouvent celles de l'altitude, des araignées, des ponts ou des ascenseurs. Celui qui souffre de phobie ne parvient pas, même en dehors de tout danger immédiat, à contrôler sa peur. Il tremble, panique, hurle ou se recroqueville sur lui-même. Certaines phobies sont étranges, comme celles des oiseaux ou des barbes ! La chose peut prêter à sourire, mais les personnes souffrant de phobies vivent un vrai cauchemar au quotidien.

ÉCHELLE DE FRAYEUR

😨 . . . . **Légèrement effrayant !**

😨😨 . . . . **Réellement angoissant !**

😨😨😨 . . . .**Glaçant !**

😨😨😨😨 . . . . **Horrible !**

😨😨😨😨😨 . . . .**Totalement terrifiant !**

CRÉATURES ET FORCES NATURELLES TERRIFIANTES

Rien n'est plus angoissant que d'assister au déchaînement de la nature – sentir le sol trembler sous ses pieds, voir la terre cracher ses entrailles… Certaines des créatures qui peuplent notre planète sont toutes aussi effrayantes. Imagine-toi être poursuivi par un essaim d'abeilles aux piqûres mortelles!

FOURMIS

Si tu penses que les histoires de colonies de fourmis déferlant sur une ville n'arrivent que dans les films d'horreur, sache que la chose peut se produire!

FOURMIS LÉGIONNAIRES

De telles fourmis sont appelées « légionnaires ». Les plus terrifiantes, qui vivent en Afrique, vivent en colonies pouvant compter 22 millions d'individus! Quand elles manquent de nourriture, elles se mettent en marche et forment une immense colonne progressant à travers la savane, les prairies et les villages – rien ne les arrête!

CHAIR À FOURMI

Les fourmis déchiquettent tout ce qui se trouve sur leur passage. Elles s'attaquent surtout à de petits animaux, à d'autres insectes ou à des araignées. Mais ces fourmis voraces ne reculeront pas face à une proie bien plus grosse. Elles se déplacent à environ 20 m/h, ce qui laisse le temps aux grands animaux et à tout être humain de s'écarter de leur chemin.

Une fourmi légionnaire peut piquer, mais le plus impressionnant chez elle est ses terribles mandibules!

PONTS VIVANTS

Les fourmis franchissent les crevasses ou les mares en formant des ponts vivants avec leur propre corps.

REQUINS

Les dents incroyablement acérées du requin taureau inspirent la terreur.

Imagine un requin tueur venant à ta rencontre pendant que tu nages. Terrifiant, non? Mais un requin peut-il vraiment te dévorer?

FRAYEUR

Les requins ont mauvaise réputation mais tous ne sont pas aussi dangereux que ce que l'on imagine.

INCROYABLE DENTITION

Les grands requins sont effrayants, avec leurs rangées de dents tranchantes comme des rasoirs. D'autant que certains s'en prennent parfois à l'homme. On dénombre à travers le monde environ 60 attaques par an, et près de 10 décès liés aux blessures provoquées.

FAIM DE REQUIN

En vérité, la chair humaine n'est pas très appréciée par le requin. Souvent, l'animal attaque l'homme par erreur, croyant avoir affaire à une tortue ou un phoque, ou parce qu'il est vraiment affamé. En règle générale, le requin inflige une seule morsure, puis abandonne sa proie.

LE SAVAIS-TU? Il existe près de 400 espèces de requins, mais seuls quelques-uns, comme le grand requin blanc, le requin-tigre, le grand requin-marteau ou le requin bouledogue, sont assez gros et féroces pour dévorer un homme. Certains, comme le requin-baleine, se nourrissent de minuscules créatures.

ARAIGNÉES

Certaines personnes sont
SI effrayées par les araignées
qu'elles ne supportent pas
de rester dans la même pièce.
Cette peur porte le nom
d'arachnophobie.

SANS DANGER ?

Les araignées sont des prédatrices
se nourrissant d'autres animaux
et utilisant leurs crochets pour
mordre. Le plus souvent de petite
taille, elles sont inoffensives pour
l'homme, mais certaines, comme
la mygale errante du Brésil, la veuve
noire et la mygale australienne,
ont un venin assez puissant pour
tuer un être humain. Heureusement,
on peut survivre à ces morsures
grâce à des soins appropriés.

FRAYEUR

Ces affreuses bestioles rampantes
armées de crochets vivent parmi nous.

UN DÉLICE !

Pour certaines personnes,
les araignées sont un véritable
délice. Dans certaines régions
du Cambodge, notamment,
on les apprécie cuites.

POURQUOI CETTE PEUR ?

Selon certains scientifiques, au fil
des générations, nous avons appris
à nous méfier de certaines araignées
et, instinctivement, nous les
craignons toutes. Demande à
quelqu'un de t'expliquer sa phobie,
il te répondra simplement :
« Je déteste ces bestioles ! »

*La tarentule liquéfie sa
nourriture pour l'avaler.
Elle tue ses proies
de avec ses crochets,
puis aspire leur chair.*

RATS

Pourquoi ces créatures suscitent autant de dégoût? Essentiellement parce que les rats sauvages sont des nuisibles – des parasites porteurs de maladies qui rôdent autour de nos maisons.

BEURK !

Comment ne pas être répugné par ces animaux qui grignotent des ordures et vivent dans des égouts? Ils entrent dans nos cuisines pour y voler de la nourriture et laissent d'écœurants excréments sur leur passage. Certains rats atteignent 60 cm de longueur – avec la queue – et en plus, ils mordent!

BÊTES INTELLIGENTES

Pourtant, les rats sont très intelligents. Capables de survivre en se nourrissant de nos déchets, ils sont prêts à tout avaler. Ils vivent en groupes, jouent, se serrent les uns contre les autres pour se tenir chaud, se battent et communiquent en poussant de petits cris. Par certains côtés, ils nous ressemblent assez!

Grand et gras, ce rat brun appartient à l'espèce la plus répandue, qui est aussi l'une des plus imposantes.

FRAYEUR

Tomber nez à nez avec un rat, quelle frayeur!

AMI OU ENNEMI ? Souvent craint, le rat peut même susciter une véritable terreur. Cette phobie des rats (ou des souris) est appelée « musophobie ». Cela dit, certains les adorent, au point d'en faire des animaux de compagnie!

SERPENTS

Son corps fin et glissant, sa langue fourchue, son sifflement ou son cliquetis suffisent à nous faire dresser les cheveux sur la tête. Le serpent fond sur sa proie et la frappe de ses crochets. La morsure de nombre d'entre eux est mortelle.

PEUR UTILE

Des scientifiques ont découvert que l'on repérait immédiatement un serpent dans une série de photographies. Nous aurions développé cette faculté au fil du temps, jusqu'à la transformer en un véritable instinct. Dans les régions du monde où les serpents venimeux sont nombreux, cette qualité se révèle bien utile.

Cette couleuvre à collier fait semblant d'être morte pour tromper sa proie.

SURPRIS PAR UN SERPENT !

La plupart des serpents ne mordent que s'ils sont manipulés, effrayés ou accidentellement piétinés. Un serpent venimeux d'Amérique du Sud et centrale, appelé « maître de la brousse », peut rester caché des semaines, en embuscade, dans l'attente d'une proie.

FRAYEUR

Ce corps froid recouvert d'écailles…
Frissons garantis !

PRUDENCE !

Si tu vois un serpent, reste à une distance au moins égale à la longueur de son corps. Éloigne-toi très vite, avant qu'il frappe comme l'éclair.

ABEILLES ET GUÊPES

Un pique-nique peut vite être gâché par le bourdonnement entêtant d'une abeille ou d'une guêpe voletant autour de vous. Vous craignez d'être piqué? Pas de panique, une seule piqûre n'a rien de terrible.

POURQUOI PIQUENT-ELLES?

Abeilles et guêpes vivent en grands groupes familiaux, les colonies. Elles s'entraident, se défendent et piquent pour protéger le groupe. Une abeille mellifère meurt après avoir piqué un homme car elle perd son dard, ce qui lui est fatal. Ainsi, l'abeille pique uniquement en cas d'absolue nécessité. D'autres espèces ainsi que les guêpes utilisent leur dard plusieurs fois.

TERRIBLES PIQÛRES

La piqûre d'une abeille ou d'une guêpe est douloureuse et entraîne un léger gonflement passager. Le pepsis et le frelon géant asiatique sont bien plus dangereux! Ces guêpes mesurant jusqu'à 5 cm de longueur sont les plus grandes au monde. Le pepsis serait l'insecte à la piqûre la plus douloureuse et le frelon géant celui dont le venin est le plus puissant.

FRAYEUR

😨 😨

Pas de panique : elles s'en iront!

Féroce essaim d'abeilles s'acharnant sur une malheureuse victime.

LE SAVAIS-TU? Les abeilles tueuses sont des hybrides de l'abeille mellifère qui attaquent surtout en essaim. Plusieurs piqûres faites en même temps peuvent être mortelles.

VOLCANOLOGIE

Les volcanologues étudient les volcans en laboratoire, mais travaillent parfois sur le terrain. Ils explorent des volcans actifs et se retrouvent souvent confrontés à la fureur des volcans ou à des coulées de lave en fusion.

TERRIFIANTS VOLCANS Le danger

ne se limite pas aux éruptions.
• *Coulées de boue* Un mélange de cendres et d'eau, formant des coulées qui dévalent les pentes à grande vitesse.
• *Tsunamis* Un glissement de terrain sous-marin lié à une éruption volcanique entraîne un tsunami.

DÉCAMPE VITE !

Heureusement, les volcanologues sont des professionnels qui savent prédire l'éruption d'un volcan et juger de sa dangerosité. Certains, comme le Kilauea, à Hawaï, ont de calmes éruptions, aux coulées de lave faciles à éviter. Quelques-uns, comme l'Etna, en Sicile, explosent brusquement, en laissant retomber des pluies de roches. D'autres, comme l'Unzen, au Japon, sont imprévisibles. En 1991, une de ses éruptions causa la mort de 3 volcanologues et de 40 autres personnes.

FRAYEUR

Les volcanologues risquent parfois leur vie.

Volcanologue prélevant des échantillons de lave, au risque de périr brûlé vif.

ÉRUPTION VOLCANIQUE

Les hommes pensent parfois qu'ils gouvernent le monde – mais il suffit d'assister à une éruption volcanique pour réaliser que nous ne contrôlons pas tout ! Ce phénomène est l'une des manifestations de la nature parmi les plus violentes et les plus spectaculaires.

FRAYEUR

La fureur d'un volcan en éruption est tout simplement terrifiante !

LAVE LIQUIDE

Lors d'une éruption, la libération de la pression accumulée dans le volcan provoque une formidable explosion libérant des torrents de lave – de la roche en fusion, rougeoyante et visqueuse, issue des profondeurs de la Terre. La température de la lave varie de 700 à 1 200 °C – soit cinq fois plus que la température du plus brûlant des fours. La lave enflamme la végétation sur son passage ou fait bouillir l'eau lorsqu'elle rejoint un cours d'eau ou l'océan. Quiconque s'en approcherait trop, serait instantanément réduit en cendres.

CENDRES, GAZ, BLOCS ET BOMBES

Un volcan qui explose projette des blocs de roche, mais aussi des bombes – des débris de lave qui durcissent en fusant dans l'air. Il libère aussi des gaz brûlants et des cendres asphyxiantes. Parfois, tous ces éléments se combinent pour former une « rivière » rapide, appelée coulée pyroclastique – une des formes d'éruptions volcaniques les plus terrifiantes.

Éruption au niveau d'un cratère de l'Etna, volcan actif de Sicile, en Italie.

SÉISME

Rien n'est plus solide et sûr que la terre ferme – c'est du moins ce que l'on pourrait croire après avoir pris connaissance de certaines situations terrifiantes présentées dans ce livre. Pourtant, il n'en est pas toujours ainsi. Parfois le sol bouge, tremble ou se déchire.

SECOUSSE ET TREMBLEMENT

Rien n'est plus angoissant que de sentir le sol trembler et bouger sous ses pieds. En cas de léger séisme, des objets tombent des étagères ou les vitres se cassent. Les séismes plus violents causent des destructions majeures. Les immeubles s'effondrent, les ponts se brisent et le sol se fissure. Un séisme peut aussi entraîner des glissements de terrain, les inondations et les tsunamis (*voir* page 18).

CROÛTE TERRESTRE

Comment imaginer sans effroi que le sol sur lequel nous marchons puisse bouger! La croûte terrestre est formée d'immenses plaques de roche solide flottant sur la roche en fusion au cœur de la Terre. Un séisme se produit quand ces plaques se heurtent, coulissent l'une contre l'autre ou se fracture soudainement. Agrippe-toi!

Terribles effets d'un séisme en Californie (États-Unis).

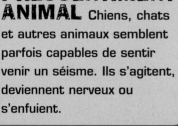

FRAYEUR

Il peut faire vaciller ta maison et fracture parfois le sol!

PRESSENTIMENT ANIMAL
Chiens, chats et autres animaux semblent parfois capables de sentir venir un séisme. Ils s'agitent, deviennent nerveux ou s'enfuient.

TSUNAMI

Un tsunami est provoqué par le déplacement soudain d'une masse d'eau de mer, suite à un séisme ou une éruption volcanique. Des vagues géantes déferlent alors sur les côtes.

VAGUELETTES INOFFENSIVES

En plein océan, un tsunami n'a rien de terrifiant. La vague d'une faible hauteur avance rapidement sur un front très large, contrairement à l'incroyable mur d'eau qui frappe la côte. Ceux qui se trouvent à bord d'un bateau peuvent même ne pas le sentir. Le danger se situe à proximité de la côte, à faible profondeur. La vague, ralentie, gagne en force et en hauteur.

À QUELLE HAUTEUR ?

Les vagues d'un tsunami atteignent généralement 10 m de hauteur lorsqu'elles frappent la côte, mais parfois bien plus. Le plus petit des tsunamis peut inonder les terres, broyer les habitations et emporter les hommes, voire les voitures.

Vague géante déferlant sur une côte.

ALERTE ! Les scientifiques sont en train de mettre en place des dispositifs à travers les océans pouvant détecter et suivre la trajectoire des tsunamis.

FRAYEUR

Ce gigantesque mur d'eau est un tueur en puissance.

Destructions suite à un tsunami à Hilo, dans l'archipel d'Hawaï.

VAGUE SCÉLÉRATE

Tous les marins connaissent ces histoires de vagues géantes venues de nulle part, coulant les navires et entraînant leurs équipages vers les abysses. Pour beaucoup, ces histoires n'étaient pas plus réelles que celles des monstres de mer. Pourtant, on sait aujourd'hui que les vagues scélérates existent bel et bien.

QUE SONT-ELLES ?

Une vague scélérate est une vague géante – dépassant parfois 30 m de hauteur, soit l'équivalent d'un immeuble de 12 étages. Ces vagues sont qualifiées de « scélérate » parce qu'elles arrivent à l'improviste. Bien plus hautes que les vagues environnantes, elles suivent parfois une autre direction et piègent les marins par surprise.

Bateau sur une vague scélérate dans le film En Pleine tempête.

DÉFIER LA VAGUE !

Parce qu'une telle vague est difficile à prédire, les marins la repèrent souvent au moment où ils sont déjà presque au sommet – une expérience terrifiante et mortelle. Dans un premier temps, le bateau est parfois entraîné vers le creux impressionnant formé à l'avant de la vague, qui du même coup devient encore plus haute. Puis il chevauche la vague, avant de se retourner, ou la percute de plein fouet, en se pulvérisant sous l'effet du choc.

MYSTÈRE Les scientifiques ignorent l'origine de ce phénomène, plus répandu dans certaines régions océaniques.

FRAYEUR

Elles viennent de nulle part et frappent sans crier gare !

CRUE SUBITE

Une crue subite survient soudainement et déferle sur vous sans crier gare – parfois même en l'absence de pluie !

PHÉNOMÈNE ESTIVAL

Les crues subites se produisent souvent en été, après un orage ou de fortes pluies. Quand des trombes d'eau tombent sur un terrain vallonné, ruisseaux et rivières à sec gonflent brusquement, débordent de leur lit, puis dévalent les pentes et se rassemblent pour former une masse d'eau déferlante. La crue peut emporter voitures et maisons.

SCÉNARIO CATASTROPHE

Imagine-toi en train de te baigner dans une rivière peu profonde – ou, simplement, en train de marcher en ville. Soudain, un grondement se fait entendre derrière toi. Tu te retournes et aperçois une masse d'eau boueuse et écumante, plus haute que toi, se dirigeant droit sur toi à une vitesse folle. Oh non !

Crue subite dans une rue passante de Toowomba, près de Brisbane (Australie), en janvier 2011.

FRAYEUR

😨 😨 😨

Une crue subite déferle sur un sol sec sans qu'on ait le temps de réagir.

PUISSANCE MAXI

Des crues subites plus terrifiantes encore peuvent se produire suite à la rupture d'un barrage ou à l'éruption d'un volcan, entraînant une fonte des neiges.

AVALANCHE

La neige évoque une chose agréable, douce et légère, associée aux plaisirs de la luge et des bonshommes de neige. Tout ça est vrai, mais tous ceux qui ont été surpris par une avalanche ne trouvent pas ça très drôle. Si tu as la chance d'y survivre, ton angoisse sera de rester prisonnier de la neige.

ALERTE AVALANCHE !

En tombant sur les pentes des montagnes, la neige s'accumule en couche épaisse. De lourdes plaques se forment ainsi par endroits, puis finissent par céder et dévalent le flanc de la montagne, à plus de 130 km/h.

PRISONNIER DE LA NEIGE

Une avalanche emporte et ensevelit skieurs et randonneurs. Si tu te retrouves sous la neige, tu auras peut-être la chance d'avoir assez d'espace pour respirer – mais ta réserve d'oxygène s'épuisera vite et tu risques l'hypothermie.

FRAYEUR

La neige c'est beau, mais imagine cette masse te tombant sur la tête !

Avalanche dévalant les pentes du K2, au Pakistan.

AVALANCHE DE TOIT

En ville, de lourdes plaques de neige accumulées sur les toits peuvent te tomber dessus. Quand la couche s'épaissit ou que la neige se met à fondre, les plaques cèdent et glissent le long des pentes des toitures.

MÉTÉORITE

Une météorite est un objet venu de l'espace qui s'écrase au sol, comme un grain de poussière, une petite roche (appelé météore lorsqu'il est encore dans l'espace) ou un astéroïde géant. Après avoir frappé le sol, l'objet est qualifié de météorite.

BREF ÉCLAT LUMINEUX

Les débris de roche qui voyagent dans l'espace sont parfois attirés par la force gravitationnelle de la Terre, mais beaucoup la frôlent seulement. Lors de la pénétration dans l'atmosphère terrestre, la friction de l'air échauffe ces débris, qui brûlent en générant un éclat de lumière, parfois visible la nuit, sous la forme d'étoiles filantes.

FRAYEUR

Et si une météorite nous tombe dessus ? Ne t'inquiète pas trop, c'est rarement arrivé.

DÉGAGEONS LA PISTE

Certains débris plus gros heurtent la Terre à plus de 50 000 km/h, on les appelle « météorites ». De quoi être un peu inquiet en imaginant que l'un d'eux puisse nous tomber dessus ! Or la planète étant surtout couverte d'océans et de terres vierges, cela risque peu d'arriver. Plus terrifiante est l'hypothèse d'un astéroïde géant heurtant la Terre. Des villes seraient anéanties, suite à la formation de tsunamis (*voir* page 18) ou de nuages de poussière qui obscurciraient le ciel et empêcheraient la croissance des plantes durant des mois.

Un météore filant en direction de la Terre pourrait ressembler à ça !

IMPACT HUMAIN

Certains miraculés ont eu la chance de survivre à l'impact d'une météorite. En 2009, en Allemagne, un garçon a eu la main frappée par une météorite. En Angleterre, en 2010, un homme de 51 ans a reçu une météorite en pleine poitrine, après qu'elle a rebondi au sol.

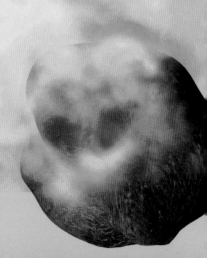

FEU DE FORÊT

Indispensable à l'homme, le feu se transforme en une chose terrifiante lorsqu'il échappe à tout contrôle. Une maison prise dans un incendie est un spectacle effrayant, alors imagine la terreur que représente un feu aux proportions encore plus gigantesques !

LES CAUSES

Un incendie de forêt se déclare suite à l'embrasement d'herbes, de buissons ou d'arbres, souvent suite à une période de sécheresse. Ces conditions climatiques sont plus fréquentes dans certaines régions du monde, comme en Californie (États-Unis) ou en Australie. L'étincelle à l'origine de l'incendie peut être provoquée par la foudre ou une éruption volcanique. Mais, en général, un feu démarre quand l'herbe ou le bois sec surchauffe. Le vent attise les flammes et l'incendie progresse rapidement.

RESTER OU FUIR ?

Un incendie devient très dangereux près des zones habitées, où il fait souvent des victimes. Certaines personnes préfèrent rester et tentent de sauver leur domicile à grands renforts d'eau – mais cela ne suffit pas toujours.

FRAYEUR

Quoi de plus terrifiant que d'être cerné par les flammes !

Incendie dévastateur, en Australie.

RESTER VIGILANT Un débris de verre peut focaliser le rayonnement solaire sur de l'herbe sèche, et déclencher un incendie. Un feu de camp mal éteint peut faire des ravages.

BLIZZARD

Au début de l'hiver, les premières chutes de neige nous émerveillent toujours – nous sommes pressés de sortir pour admirer le spectacle. Le blizzard est très différent. Il se traduit par une tempête et d'importantes chutes de neige, accompagnées d'un vent cinglant.

OÙ SUIS-JE?

Le plus terrifiant dans le blizzard est que l'air se retrouve à tel point et si vite remplit de flocons de neige que l'on peine à s'orienter. Si la couche de neige au sol est épaisse, on peut vite se perdre. Des gens pris dans le blizzard et pourtant proches d'un lieu sûr, se sont égarés faute de pouvoir se repérer.

DANS LA NATURE

Le blizzard est pire encore sur les cimes enneigées et en Antarctique. Il freine la progression des explorateurs des jours entiers.

FAIT DIVERS

En 1912, le capitaine Robert Scott et les membres de son équipe trouvèrent la mort en Antarctique, au cours d'une expédition vers le pôle Sud. Ils se trouvaient pourtant près d'un refuge, mais le blizzard stoppa leur progression. Scott écrivit dans son journal: « On parvient à peine à distinguer nos tentes, et encore moins le sol. Que diable signifie un temps pareil? »

FRAYEUR

😧 😧 😧

Pris dans le blizzard, on se retrouve frigorifié et égaré.

Véhicules pris dans un puissant blizzard en Islande.

TEMPÊTE VERGLAÇANTE

Le phénomène se produit lorsque les températures sont glaciales et que les chutes de pluie sont très froides. L'eau gèle partout où elle tombe, recouvrant toutes choses de glace. Routes, toitures et arbres se retrouvent prisonniers d'un épais carcan de glace.

PEUR JUSTIFIÉE?

Une tempête verglaçante cause des dégâts importants. Le poids de la glace accumulée entraîne chute d'arbres, rupture de lignes électriques et effondrement des toits. La conduite et la marche sont dangereuses. Électricité et téléphone sont hors service.

RISQUE D'ÉLECTROCUTION

Lors d'une tempête verglaçante, la chute des câbles électriques constitue une des choses les plus terrifiantes. Les câbles à terre se tordent et tourbillonnent en projetant des étincelles. Si tu es témoin d'un tel spectacle, éloigne-toi aussi vite que possible!

FRAYEUR

Un phénomène étonnant, mais terriblement effrayant!

PRUDENCE!

Tiens-toi à l'écart des arbres lors d'une tempête verglaçante, tu éviteras la chute de branches ou de congères de glace.

Paysage après une tempête verglaçante, dans le Nebraska (États-Unis), en 2006.

ORAGE

Ne t'est-il jamais arrivé de te blottir sous les couvertures pour échapper au fracas du tonnerre ? Rien n'est plus inquiétant que de voir le ciel s'obscurcir, d'entendre le tonnerre gronder, alors que des éclairs déchirent les nuages.

TEMPÊTE ÉLECTRIQUE

Un orage se produit quand de l'air chaud et humide s'élève et forme un nuage appelé « cumulonimbus ». Les gouttes d'eau en suspension qui s'élèvent et s'entrechoquent sont à l'origine de la charge électrique du nuage. L'éclair est l'immense étincelle formée entre le nuage chargé d'électricité et le sol.

LE BRUIT DU TONNERRE

Le tonnerre et l'éclair sont liés : l'éclair est l'étincelle visible, le tonnerre correspond au bruit émis presque simultanément.

Un impact de foudre peut être mortel.

FRAYEUR

Le tonnerre et les éclairs terrifient de nombreuses personnes.

PAUVRES MORTELS Il y a longtemps, les hommes pensaient que les orages étaient la manifestation de la colère des dieux. Ils grondaient et lançaient des éclairs sur les pauvres mortels en guise de punition.

FEU DE SAINT-ELME

Un feu de Saint-Elme est une lueur bleutée, semblable à une grande flamme de gaz. Elle apparaît parfois au cours d'un orage, au sommet d'objets hauts et pointus, comme un mât de navire. Longtemps, les marins ont cru qu'il s'agissait d'une manifestation surnaturelle et ce phénomène était perçu comme un bon présage.

QUESTION D'ÉLECTRICITÉ

Comme l'éclair, le feu de Saint-Elme est une décharge électrique. Lors d'une tempête, les mâts des navires et les objets situés en hauteur se chargent en électricité, jusqu'à ce que la différence entre la charge de l'objet et celle de l'air ambiant soit telle que l'électricité se déplace, de l'objet à l'air, en émettant une lueur.

Feu de Saint-Elme au cours d'un orage.

UNE LUEUR D'ESPOIR

Un feu de Saint-Elme se manifeste souvent vers la fin d'un orage. Pour les marins, ce signe du destin était une réponse à leurs prières et annonçait la fin de la tempête.

FRAYEUR

Un phénomène plutôt étrange !

DES AILES EN FEU Un feu de Saint-Elme enveloppe parfois le bout des ailes d'un avion en vol. Cela peut signifier qu'un éclair est sur le point de frapper l'appareil. Pas de panique ! Les avions sont conçus pour résister aux impacts de foudre.

FOUDRE EN BOULE

Le phénomène se manifeste en général lors d'un orage – mais, à la différence d'un éclair ordinaire, la foudre en boule peut s'observer à l'intérieur d'habitations, de navires ou d'avions, voir traverser les objets solides, comme les murs ou les portes ! De quoi s'agit-il ?

BOULE DE FEU

Les témoins parlent d'une boule lumineuse stationnaire en plein ciel ou évoluant en flottant dans les airs. Une boule de la taille d'une balle de tennis ou aussi grosse qu'un ballon de plage. Certains font état de boule de plus de 1 m de diamètre. Les scientifiques y voient un phénomène électrique, mais personne ne sait vraiment l'expliquer.

UN SIFFLEMENT

La boule reste en suspension dans l'air un court moment, puis s'évanouit en sifflant. Dans la plupart des cas, aucun témoin de l'événement n'a été blessé. Ceux qui ont tenté de s'en approcher ou de la toucher ont été sévèrement brûlés.

FRAYEUR

😨 😨 😨

Un phénomène étrange et inquiétant potentiellement dangereux.

Photographie d'une inquiétante boule de feu accompagnée d'un éclair.

EST-CE RÉEL ?

Pour certains scientifiques, la foudre en boule serait une illusion, liée aux effets de l'orage sur notre cerveau, nous conduisant à voir des points lumineux qui en réalité n'existent pas. Pourtant, le phénomène a été plusieurs fois photographié.

FEU FOLLET

« Esprit du feu », « lumière de fantôme », « feu follet » – les noms donnés à ce phénomène trahissent le mystère qui entourait cette étrange lueur, perçue comme fantomatique, féerique ou magique. Une sorte de petite flamme dansante, évoluant au-dessus du sol, dans les régions marécageuses ou humides.

BÉNÉFIQUE OU MALÉFIQUE?

Selon certaines légendes, les feux follets étaient des esprits malicieux, voire maléfiques, qui attiraient les hommes au cœur de dangereux marécages obscurs. Ils s'éloignaient à votre approche et vous entraînaient toujours plus loin, avant de s'évanouir une fois que vous étiez perdu. Dans certains pays, ils portaient le nom de « feu de trésor » et indiquaient, disait-on, l'endroit où était dissimulé un trésor.

LA PART DU VRAI

L'origine du feu follet reste en partie inexpliquée. Pour les scientifiques, il s'agirait d'un gaz issu de la décomposition des végétaux, libéré des marécages sous forme de bulles, et qui semble luire. Pourtant, plusieurs témoignages ne font pas état de chaleur. Par ailleurs, cette théorie n'explique pas le côté « dansant » de ce phénomène qui reste encore bien mystérieux.

Lueur d'un feu follet au-dessus d'un marais.

LÉGENDES

Jadis, voir un feu follet était courant, d'où le nombre de légendes qui s'y rapportent. Les hommes vivent désormais loin des marais et les témoignages sont plus rares.

FRAYEUR

Une lueur terrifiante dans les ténèbres!

PLUIE DE POISSONS

La chose paraît impossible et, pourtant, des poissons peuvent tomber du ciel! Le phénomène a été observé plusieurs fois, dans différents pays. Une pluie de poissons n'a rien de véritablement dangereux en soi, mais elle est angoissante par son étrangeté.

HISTOIRES DE POISSONS

L'écrivain romain Pline l'Ancien et l'historien grec Athénée ont décrit le phénomène, il y a près de 2000 ans. Au XIXᵉ siècle, des pluies de poissons ont été signalées un peu partout aux États-Unis, dont une pluie de calmars en 1841, en Pennsylvanie. En 2000, en Éthiopie (Afrique) des poissons sont tombés en quantité sur des terres agricoles.

ET LES SERPENTS?

On a également pu observer à travers le monde des pluies de grenouilles, de lézards, de serpents et même de curieuses méduses.

FRAYEUR

Un gros poisson atterrit sur ta tête… Impressionnant, non?

EXPLICATIONS

Aussi étonnant que cela puisse paraître, la science explique le phénomène. Les poissons sont aspirés par des trombes marines, de puissants vents ascendants, comparables à des tornades, qui se forment au-dessus de l'eau. Ils sont ainsi transportés dans les airs, avant de retomber à des kilomètres de distance.

Sol jonché de poissons après une bien étrange pluie.

PLUIE DE SANG

Comment ne pas être paniqué lorsque la pluie qui tombe est aussi rouge que le sang! Le phénomène qui se manifeste depuis des siècles était autrefois perçu comme un mauvais présage, une manifestation divine annonçant l'imminence d'une catastrophe.

VRAIMENT ROUGE?

Une pluie de sang peut être aussi rouge que le sang, d'un rouge moins soutenu ou de couleur brunâtre. La plus célèbre des pluies de sang de ces dernières années est tombée en 2001 sur le Kerala, une région de l'Inde. Une pluie ininterrompue durant deux mois, qui teinta végétation et vêtements en rose.

COMMENT ET POURQUOI

Certains pensent que l'eau de pluie se charge de poussières du désert ou de l'explosion d'un météore. Des prélèvements ont mis en évidence ce qui ressemblait à de minuscules cellules rouges. Les spécialistes ont cru y reconnaître les cellules d'une algue rouge. Mais personne ne sait vraiment comment elles se retrouvent en suspension dans le ciel.

FRAYEUR

Qui apprécierait de se retrouver piégé sous une pluie de sang?

Une pluie de sang aussi rouge que celle-ci colore les vêtements en rose.

ESPACE Selon certains scientifiques la pluie renfermerait des bactéries issues de l'espace et probablement transportées par une comète.

ÉCLIPSE SOLAIRE

Par une journée ensoleillée, une chose étrange se produit : tout s'obscurcit. Il ne s'agit pas d'un nuage – le Soleil est simplement en train de disparaître ! Le phénomène se poursuit, jusqu'à ce que les étoiles apparaissent, alors que nous sommes en plein midi !

LA VENUE DES TÉNÈBRES

Autrefois, alors que les hommes dépendaient de la lumière du Soleil pour s'éclairer, se chauffer et cultiver leurs champs, une éclipse solaire était terrifiante. Tout ceci ne durait heureusement pas trop longtemps, et le Soleil finissait par réapparaître. Cet événement, comme bien d'autres phénomènes étranges, était interprété comme annonciateur de catastrophe.

UN PEU DE THÉORIE

Une éclipse solaire se produit lorsque la Lune se place entre la Terre et le Soleil. La Lune masque alors le Soleil (elle est bien sûr bien plus petite que lui, mais elle est aussi plus proche de nous, ce qui la fait paraître de la même taille). Le Soleil masqué laisse voir sa couronne, cet anneau de feu et de gaz qui l'encercle.

FRAYEUR

Un spectacle terrifiant pour celui qui ignore tout du phénomène.

ANCIENS CALCULS

Dès l'Antiquité, certains astronomes surent expliquer le phénomène et prédirent la périodicité des éclipses solaires.

FARFADETS ET JETS BLEUS

Leur nom semble tiré d'un film de science-fiction – et il est vrai que leur aspect a de quoi surprendre ! Un farfadet se manifeste à haute altitude par un éclat rouge évoquant la silhouette d'une méduse, avec un large « corps » circulaire d'où pendraient des tentacules. Un jet bleu s'apparente à une étincelle bleu vif, pointant vers le haut. Ces phénomènes sont observables de nuit au télescope.

DES EXTRATERRESTRES !

Ces éclats dans le ciel peuvent être interprétés comme l'apparition de soucoupes volantes ou d'engins extraterrestres. En réalité, ces brèves apparitions – parfois moins d'une seconde – ne renvoient à rien de solide, mais seulement à la lumière.

LEUR ORIGINE

Farfadets et jets bleus apparaissent au-dessus des orages. Ils se forment sous l'effet de l'énergie électrique et sont liés aux éclairs. On les considère d'ailleurs comme des sortes d'éclairs.

FRAYEUR

Des phénomènes de haute altitude, rarement observés par les hommes.

Photographie d'un farfadet en altitude.

INCROYABLE ! Il est possible d'observer farfadets et jets bleus depuis le sol, à condition de se trouver dans un endroit dégagé et d'avoir une vue panoramique sur un orage. Regarde très haut au-dessus des nuages d'orage.

GRÊLONS GÉANTS

Les grêlons sont des billes de glace qui ont en général la taille d'un petit pois. Cela peut faire très mal s'ils nous tombent dessus. Imagine les dégâts causés lorsqu'ils font la taille d'une balle de golf !

GRÊLONS MÉMORABLES

En 2010, la chute de grêlons de 4 cm de diamètre dans la région de Perth, en Australie, pulvérisa voitures, toitures et verrières. En 2002, en Chine, 25 personnes périrent des suites d'une tempête de grêlons de la taille d'un œuf.

COUCHE DE GLACE

Les grêlons se forment dans les nuages d'orage, lorsque l'eau froide gèle autour d'un objet minuscule, comme un grain de poussière. Alors que les grêlons rebondissent à l'intérieur des nuages, leur enveloppe de glace s'épaissit en formant des billes de plus en plus grosses. Certains grêlons atteignent ainsi 5 à 10 cm. Les plus gros se forment suite à l'agglomération de plus petits grêlons.

FRAYEUR

Se retrouver sous une pluie de grêlons géants… Quelle horreur

Capot de voiture cabossé sous l'impact de grêlons géants.

À COUVERT ! Si tu es surpris par une violente tempête de grêle, essaye de courir vers un abri ou glisse-toi sous le premier banc public que tu trouveras.

TEMPÊTE DE SABLE

Le phénomène prend naissance dans les régions sablonneuses et sèches, sous l'effet d'un vent violent et durable. Le sable est d'abord soulevé du sol. Sous l'effet des chocs, frictions et turbulences, il perd de sa cohésion. Les plus petites particules sont aspirées dans les airs, alors que les plus grosses retombent au sol.

PROGRESSION

Une fois la tempête formée, un mur de sable géant progresse à travers les terres. Le front peut atteindre 1,6 km de hauteur et se déplacer à plus de 97 km/h. Une tempête si violente est un cauchemar. Si tu es témoin d'un tel spectacle, cours t'abriter aussi vite que possible.

VISIBILITÉ

Une tempête de sable rend l'air irrespirable et déplace assez de sable pour ensevelir voitures et maisons. Le sable empêche toute visibilité et provoque des accidents de la circulation. Les aéroports doivent fermer et les récoltes sont souvent détruites.

FRAYEUR

Quel spectacle effrayant que celui d'une violente tempête de sable.

Tempête de sable dans une région désertique de l'Érythrée, en Afrique.

PROBLÈME MONDIAL Le phénomène affecte surtout la Chine, le nord de l'Afrique et la péninsule arabique, mais se manifeste aussi aux États-Unis et dans tous les déserts.

DESTINATIONS ET LIEUX ANGOISSANTS

Châteaux hantés et grottes obscures nous plongent au cœur de mondes terrifiants. Imagine-toi en train de franchir un pont suspendu ou debout au sommet du Grand Canyon — face à l'immensité du vide.

FALAISES DE MOHER

Ces falaises impressionnantes se dressent sur la côte occidentale de l'Irlande, au-dessus de l'océan Atlantique. Culminant à plus de 210 m de hauteur, ces gratte-ciel de pierre s'étirent sur près de 8 km le long de la côte. Les parois verticales présentent par endroits des à-pics vertigineux.

ATTENTION VERTIGE !

Première attraction touristique d'Irlande, les falaises de Moher attirent chaque année des milliers de visiteurs. Le sentier qui serpente à flanc de falaises offre des panoramas à couper le souffle, mais nombreux sont ceux à outrepasser les consignes de sécurité et à emprunter des voies interdites, dangereuses en cas de chutes de pierres ou par grand vent.

Deux touristes allongés pour admirer un à-pic vertigineux.

TOUR D'OBSERVATION

Un propriétaire terrien de la région, Cornelius O'Brien, fit ériger au sommet des falaises une tour qui porte son nom. Du haut de la tour s'offrent des panoramas inoubliables.

FRAYEUR

Un site époustouflant de beauté, mais à te glacer le sang !

ROUTE DES YUNGAS

Imagine-toi dans une voiture le long d'une route de 3 m de largeur, serpentant à flanc de falaise, sans barrière de sécurité. Pire : la route est une piste boueuse et la roche est instable ! Au moindre écart, tu plongerais 900 m plus bas – dans un sombre et profond ravin.

ROUTE DE LA MORT

Ce scénario n'est pas tiré d'un film – cette route existe bel et bien ! La route des Yungas, en Bolivie (Amérique du Sud), relie La Paz, capitale du pays, à Coroico, dans la province des Yungas. Une route de près de 80 km, serpentant à flanc de falaises. Les habitants de la région la nomment Camino de la Muerte ou « route de la mort ». Une des routes les plus dangereuses au monde.

CONDUITE À RISQUE

Certains conducteurs prennent des risques inconsidérés, en doublant sans visibilité ou en franchissant les tournants à vive allure. Chaque année, voitures et camions passent par-dessus bord. La route a déjà fait des milliers de victimes.

FRAYEUR

Le pire endroit au monde en cas perte de contrôle de son véhicule

ITINÉRAIRE BIS En 2006, un tronçon a été ouvert afin d'éviter les passages les plus dangereux. Mais l'ancienne route, plus rapide, est toujours empruntée par certains conducteurs et touristes en quête de sensations fortes.

TUNNEL DE GUOLIANG

Jusqu'en 1972, seul un escalier taillé dans la roche, à flanc de falaise, permettait d'atteindre le village de Guoliang, en Chine. Les habitants excédés décidèrent de percer un tunnel d'accès de 1 km de longueur, qui vit le jour après cinq ans de travaux.

OMBRE ET LUMIÈRE

La route à flanc de falaise est par endroits terrifiante – mais aussi étonnante et magnifique. Une voie ponctuée de tunnels et de passages ouverts laissant pénétrer la lumière à intervalles réguliers. Par endroits se découvrent des vues sur la gorge en contrebas.

TUNNEL POUR TOURISTES

La route qui permet de relier plus facilement le village est désormais ouverte aux touristes. Chaque année, ils sont des milliers à partir à la découverte de cette voie hors norme et du pittoresque village de Guoliang.

FRAYEUR

Une route terriblement angoissante, notamment si tu es sujet au vertige !

MONDE MINÉRAL

Parce que le village est resté longtemps isolé du monde, ses habitants ont appris à exploiter la pierre pour fabriquer ce dont ils avaient besoin. Les maisons sont en pierre, aussi bien que leurs meubles !

La route du tunnel de Guoliang serpente à flanc de falaise.

ROUTE DES TROLLS

Baptisée Trollstigen (« échelle des trolls »), cette route en lacets zigzague à flanc de montagne, en Norvège. Cette voie aux virages en épingles surplombe des précipices et est empruntée par les camions et les autocars. Le panorama offert est à couper le souffle.

À L'ASSAUT DE LA MONTAGNE

Étroite par endroits, la route oblige les gros véhicules à manœuvrer adroitement lors de croisements. Au sommet, une aire de repos aménagée permet de contempler un paysage de montagne imposant et les lacets de bitume qui serpentent en contrebas.

POURQUOI LES TROLLS ?

Dans la mythologie norvégienne, les trolls sont d'affreux petits lutins qui vivent dans les montagnes. La Norvège compte bien d'autres sites baptisés en référence aux trolls, comme la falaise Trollveggen (« mur des trolls ») ou la vallée des Trolls. Des créatures effrayantes, mais heureusement imaginaires !

La route des Trolls tracée à flanc de montagne.

FRAYEUR

Terrifiant si l'altitude t'angoisse, mais néanmoins surmontable.

ACCÈS INTERDIT

La route des Trolls est praticable seulement une partie de l'année. En hiver, neige et verglas interdisent l'accès et la circulation à tous les véhicules.

EL CAMINITO DEL REY

Un chemin réservé aux amateurs de sensations fortes ! Situé en Espagne, ce sentier instable et étroit, accroché à flanc de falaise à 100 m au-dessus du vide, n'a pas de rampe de sécurité et, pire encore, présente des passages en partie effondrés.

FRAYEUR

😨 😨 😨 😨 😨

Un des sentiers de marche parmi les plus terrifiants au monde.

MORTELLEMENT DANGEREUX

Le Caminito del Rey ou « chemin du roi » est à ce point abîmé que les marcheurs ordinaires ne s'y aventurent plus. Néanmoins, nombre de grimpeurs et d'amateurs de sports extrêmes s'y retrouvent et se défient le long des 3 km du parcours. Un câble fixé à la paroi permet de sécuriser la progression à l'aide de cordes et de mousquetons. Ce qui n'a pas empêché quelques chutes.

Un randonneur intrépide progresse lentement le long du chemin.

CHEMIN ROYAL Construite entre 1901 et 1905 pour relier deux usines hydroélectriques situées dans les montagnes du sud de l'Espagne, la voie servait au transport du matériel. En 1921, le chemin acquit ses lettres de noblesse et hérita de son nom après une visite du roi Alphonse XIII, qui à l'occasion l'emprunta d'un bout à l'autre.

PONT DE TRIFT

Situé en Suisse, ce pont de corde réputé pour sa hauteur et sa longueur franchit une gorge des Alpes. Des ponts suspendus de ce type ont été construits à travers le monde et restent réservés aux piétons. Deux câbles ou cordes, tendus entre un étroit et instable passage, font office de garde-corps. La traversée du pont conduit à 100 m au-dessus d'une rivière se jetant dans un lac en contrebas.

CONSEIL Un pont de corde se balance et ploie sous les pas des marcheurs. Si tu ne supportes pas cet effet, progresse en faisant glisser tes pieds, plutôt que de marcher normalement.

PONT 1 : 2004

En réalité, il y eut deux ponts de Trift. Le premier était bien trop terrifiant. On en construisit donc un second, plus haut et plus long ! Le premier pont de corde vit le jour en 2004 et permettait aux randonneurs de rejoindre un refuge proche. Malheureusement, il franchissait une section étroite de la gorge où s'engouffrait un vent violent, rendant le pont instable. Néanmoins, des milliers de touristes faisaient un détour pour tenter la traversée. Il fallait donc le renforcer et le sécuriser.

Randonneurs agrippés au garde-corps lors de la traversée du pont de Trift.

PONT 2 : 2009

Ainsi, en 2009, le pont fut remplacé par un autre, bien plus haut, mais plus abrité des vents. Équipé de câbles supplémentaires, ce pont mesure près de 170 m de longueur.

FRAYEUR

Arme-toi de courage, la traversée s'effectue en toute sécurité !

PONT DE HUSSAINI

FRAYEUR

pont terrifiant – souvent emprunté par les habitants de la région.

Traversée périlleuse sur les planches instables du pont.

Imagine ne pas avoir d'autres solutions que de passer par là pour aller faire tes courses ! Ce pont suspendu, situé au Pakistan, est l'un des plus effrayants au monde. On ignore le nombre exact de personnes ayant perdu l'équilibre et chuté dans les eaux glacées, en contrebas de cet ouvrage d'un autre âge, bien trop fréquenté.

PIÈCES MANQUANTES

Une des raisons qui explique la terreur suscitée par le pont tient à son délabrement. La structure est constituée de planches et de troncs instables, plus ou moins fixés à l'aide de cordes et de câbles. Par endroits, planches et cordes sont manquantes ou rompues. L'ouvrage a été souvent rénové et sommairement restauré.

GLAÇANT !

Pire : la région est très exposée au vent. Déséquilibré par un vent trop violent, tu chuterais dans un lac aux eaux si froides que tu ne survivrais pas très longtemps.

RÉNOVATION

Le pont doit être remplacé par un ouvrage plus solide. Les amateurs de sensations fortes n'ont plus beaucoup de temps pour expérimenter le grand frisson.

TÉLÉPHÉRIQUE DU MONT TIANMEN

L'excursion en téléphérique au départ de la cité de Zhangjiajie, en Chine, débute très tranquillement. La cabine passe au-dessus de la ville, puis des terres agricoles environnantes, moment où les touristes saluent généralement d'un geste de la main les ouvriers travaillant dans les champs. Puis la cabine entame son ascension à travers les montagnes, en direction du mont Tianmen – la « porte du ciel ».

TOUJOURS PLUS HAUT

Bientôt, tu te retrouves suspendu dans le vide, à des centaines de mètres de hauteur, entouré de montagnes, parmi les nuages. Terrible ! En fait, ce téléphérique est l'un des plus haut et des plus longs au monde – plus de 7 km –, et grimpe au-delà de 1 500 m.

JUSQU'AU SOMMET

Le téléphérique te dépose presque au sommet de la montagne, cadre d'un incroyable parc forestier source de sensations fortes, comme les circuits à flanc de falaises où les plates-formes d'observation panoramique. La Porte céleste se présente comme une étonnante arche naturelle, taillée dans la roche.

Vue spectaculaire de la cabine du téléphérique par un matin glacial.

FRAYEUR

Un cocktail de sensations : angoisse, haut-le-cœur et émerveillement.

DU CALME !

Si le téléphérique vient à s'arrêter, NE BOUGE PAS ! Les secours arriveront vite. Ne cherche pas à sortir, tu signerais ton arrêt de mort !

NGONG PING 360

Mieux vaut bien s'agripper au départ de la cabine du Ngong Ping 360 – ce téléphérique à vue panoramique de Hongkong, conçu pour offrir aux touristes une inoubliable excursion, de l'île de Lantau jusqu'au plateau de Ngong Ping, 500 m plus haut.

MÊME PAS PEUR?

Alors choisis une cabine au plancher de verre. En plus d'une vue à 360° à travers les vitres de la cabine, tu pourras observer le monde défiler sous tes pieds! Tu apercevras la ville nouvelle de Tung Chun, la mer de Chine méridionale, mais aussi l'approche et l'atterrissage des avions sur l'aéroport international.

INCROYABLE

En 2007, une des cabines s'est décrochée de son câble. Après une chute de 50 m – soit une hauteur équivalente à celle d'un immeuble de 15 étages – la cabine s'écrasa non loin du terminus du téléphérique. Fort heureusement, elle était vide! Le téléphérique fut inspecté toute la nuit par des ingénieurs. Depuis, la sécurité a été améliorée.

FRAYEUR

😨 😨

...e balade en téléphérique agréable, mais un peu effrayante.

Cabine du Ngong Ping 360 dans le vide.

DES CABINES SÛRES? Malgré l'incident, le système est aujourd'hui sans risque. Le balancement des cabines dans le vide peut entraîner une sensation de haut-le-cœur, mais rassure-toi, tu es en parfaite sécurité!

SKYWALK DU GRAND CANYON

Cette attraction touristique située en Arizona (États-Unis), permet de dominer de plusieurs centaines de mètres l'immense vallée du Grand Canyon. Une passerelle en forme de U et au plancher de verre avance dans le vide et dépasse de 20 m le bord d'une falaise escarpée.

BÂTIE POUR LE FRISSON

Construite sous l'impulsion des Indiens hualapai, la passerelle a ouvert en 2007. Elle est faite de six épaisseurs de verre renforcé, chacune capable de résister à l'impact d'une balle.

À TRAVERS LE VERRE

Pourquoi un plancher de verre est si effrayant? Quand tu regardes en bas et que tu ne vois rien d'autre que le vide, ton cerveau envoie des signaux de détresse. Tu te mets à transpirer et ton rythme cardiaque s'accélère — même si tu sais être en sécurité. Une telle attraction est bien sûr conçue pour supporter le poids des foules de touriste.

Près de 120 personnes peuvent se rendre simultanément sur la passerelle.

FRAYEUR

De quoi sentir le sol se dérober sous tes pieds!

Les visiteurs sont équipés de chaussons spéciaux.

TOUR CN

La tour CN domine Toronto, au Canada. Cette flèche de béton armé présente une plate-forme d'observation aux deux tiers de sa hauteur.

ASCENSION

On arrive sur la plate-forme grâce à un ascenseur ultrarapide qui propulse en seulement 1 minute à 342 m de hauteur, soit l'équivalent d'un 130e étage! Au niveau inférieur se trouve un plancher de verre et, au niveau supérieur, un restaurant panoramique, tournant à 360°.

ENCORE PLUS HAUT

Un autre ascenseur conduit au Skypod – petite plate-forme d'observation à 447 m de hauteur. À ce niveau, la tour balance légèrement les jours où souffle un vent violent.

FRAYEUR

Horrible si tu as le vertige, sinon l'expérience reste supportable.

Vue incroyable à travers le plancher de verre de la tour CN.

RACETRACK PLAYA

Ce lac asséché, sur une vaste étendue plane ou « playa », en Californie (États-Unis), est parsemé de blocs de pierre présentant une trace de traînée derrières eux. Des relevés ont mis en évidence leurs mouvements – néanmoins jamais observés en direct.

PIERRES VIVANTES ?

Ces blocs de pierre, qualifiés de « pierres mouvantes », semblent dotés d'autonomie. On a longtemps cru que des hommes ou des animaux étaient à l'origine de ces déplacements. Mais en l'absence d'empreintes, il a bien fallu trouver une autre explication.

GLISSEMENT ET DÉPLACEMENT

Personne ne sait comment la chose se déroule, mais les spécialistes s'accordent à dire que le phénomène intervient au début du printemps. L'eau ruisselle des montagnes environnantes vers la playa. La nuit, en gelant, l'eau formerait une sorte de « patinoire » faisant glisser les blocs de pierre sur la boue.

FRAYEUR

Des pierres qui se déplacent seules ! Quelles forces sont ici à l'œuvre ?

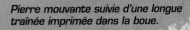

Pierre mouvante suivie d'une longue traînée imprimée dans la boue.

INCROYABLE !

Certains blocs pèsent jusqu'à 320 kg – soit plus que le poids de quatre hommes.

CÔTE DES SQUELETTES

Le nom seul fait froid dans le dos – à juste titre ! Cette bande de terre aride en Namibie (Afrique) s'étire le long de la partie nord de la côte. Une région où la mort frappe bien plus souvent qu'ailleurs.

NAUFRAGES ET NAUFRAGÉS

Noyées sous le brouillard et battues par les vagues, les eaux côtières de cette région sont des plus inhospitalières pour les bateaux. Par le passé, des centaines d'entre eux firent ici naufrage. Les marins qui arrivaient à regagner la terre n'étaient pas pour autant tirés d'affaire. La houle interdisait toute tentative de départ, et le désert aride finissait par ôter tout espoir aux naufragés.

TANT DE SQUELETTES !

Il y a bien longtemps, alors que la pêche à la baleine était une pratique répandue, d'imposants cétacés s'échouèrent sur cette côte. Le long du rivage gisent près d'une centaine d'épaves de navires, ainsi que les squelettes d'infortunés marins.

Épave lugubre d'un navire perdue le long de la côte du désert du Namib.

FRAYEUR

😨 😨

en des choses viennent s'échouer sur les rives de ce désert !

LE SAVAIS-TU ? Le profil du trait de côte de cette région aride ne cesse d'évoluer et de gagner sur la mer au fil du temps. Ce qui explique le nombre d'épaves de bateaux désormais à ciel ouvert. Étrange, non ?

CRATÈRE DE DARVAZA

La photographie présentée sur cette page paraît à peine croyable, pourtant elle reflète bien la réalité – celle d'un trou béant de 20 m de profondeur et de 60 m de diamètre, où ne cesse de se consumer un brasier. Ce cratère se situe au Turkménistan, en Asie centrale.

HISTOIRE DE FORAGE

Ce cratère reste un mystère. Toutes les théories avancées font état de la venue d'ingénieurs dans les années 1970, à la recherche de gisements de gaz naturel exploitables. Ils forèrent le sol de la région, et tombèrent à cet endroit sur une vaste cavité souterraine remplie de gaz. L'effondrement de la voûte entraîna la chute du matériel et des équipements de forage.

EMBRASEMENT

Pour certains, c'est le forage qui a provoqué l'embrasement du gaz. Pour d'autres, ce sont les ingénieurs qui ont volontairement enflammé le gaz, au lieu de le laisser s'échapper vers le village. Toujours est-il que, des décennies plus tard, le gaz brûle encore – en réalité, le cratère serait alimenté par un immense réservoir souterrain.

LE SAVAIS-TU ?

Darvaza, signifie « porte ». Ainsi, pour certains, ce trou terrifiant serait apparu il y a très longtemps – assez longtemps pour que le village ait hérité de son nom.

Spectateur intrépide au bord du cratère où couve un brasier.

FRAYEUR

Mieux vaut se tenir à distance de ce cratère terrifiant baptisé « porte de l'Enfer » !

GAPING GILL

Situé dans le Yorkshire, au Royaume-Uni, cet abîme impressionnant de 110 m de profondeur marque l'entrée d'un réseau de grottes. Percée à flanc de colline, cette bouche béante et sombre offre un panorama terrifiant : des parois vertigineuses et glissantes, où plongent en gigantesque cascade les eaux du Fell Beck.

DESCENTE

Les spéléologues expérimentés descendent en rappel (*voir* page 99) le long du gouffre, pour rejoindre et explorer le réseau de grottes auquel il est relié. Chaque année, les clubs de spéléologie de la région montent à l'entrée du puits une structure en échafaudage, équipée d'une chaise suspendue à une corde. Le dispositif offre aux néophytes le frisson d'une descente dans l'abîme.

Paroi vertigineuse plongeant dans les entrailles du gouffre.

FRAYEUR

Un gouffre spectaculaire, déconseiller à ceux qui souffrent de vertige ou de claustrophobie !

RECORDS BATTUS

Gaping Gill est le gouffre le plus célèbre et le plus profond de Grande-Bretagne. Le ruisseau qui plonge dans l'abîme sur près de 110 m de hauteur forme la plus haute chute ininterrompue du pays.

CIMETIÈRE DE SAINT-LOUIS N° 1

Même ceux qui ne croient pas aux fantômes peuvent trouver les cimetières angoissants. Le cimetière Saint-Louis n° 1, à la Nouvelle-Orléans (États-Unis), est réputé être le plus hanté au monde.

TOMBES DE SURFACE

Dans presque tous les cimetières, les tombes sont souterraines. Mais pas ici. La Nouvelle-Orléans est bâtie dans une cuvette et sur une terre trop souvent détrempée pour y creuser des tombes. Ici, si les cercueils étaient enterrés, ils remonteraient à la surface à la moindre inondation!

LA CITÉ DES MORTS

Tombes et cryptes du cimetière Saint-Louis n° 1 sont donc toutes dressées au-dessus du sol. Des tombes comparables à de petites maisons, à l'intérieur desquelles reposent les cercueils. En bordure du cimetière, les murs abritent des rangées de caveaux. Un agencement qui donne au cimetière une allure de petite cité, avec ses ruelles bordées de tombes, d'où son surnom de « cité des morts ».

POURQUOI CETTE PEUR?

L'idée de la mort suffit à nous effrayer et l'évocation de fantômes est encore plus terrifiante, parce qu'étrange et mystérieuse (*voir* page 66).

FRAYEUR

😨 😨 😨

Un cimetière vraiment lugubre!

MAISON HANTÉE DE SARAH WINCHESTER

Cette incroyable maison de Californie (États-Unis) est réputée hantée. Elle abrite un dédale de passages et de chambres secrètes, de portes aux dimensions étranges et d'escaliers ne menant nulle part.

BÂTIR SANS FIN

La maison, construite à la fin du XIXe siècle, appartenait à Sarah Winchester, héritière de la fortune familiale, bâtie sur la vente d'armes, comme la carabine Winchester. Un médium – personne supposée communiquer avec les morts – avait dit à Sarah qu'elle était tourmentée par l'âme de ceux qui avaient péri sous les balles de fusils Winchester. Pour apaiser ces esprits, il lui conseilla de bâtir une maison pour les accueillir. Ce qu'elle fit!

PRÉSENCE D'ESPRITS

Sarah dépensa toute sa fortune dans les travaux de sa maison. Impasses et labyrinthes étaient probablement destinés à tromper ces esprits qui, selon elle, vivaient avec elle. Ou peut-être était-elle guidée par eux et conversait-elle chaque nuit avec ces âmes égarées.

FRAYEUR

Plus fascinant qu'effrayant, mais néanmoins bien étrange!

Le visiteur qui s'engage dans ce dédale de couloirs pourrait bien se perdre.

CHÂTEAU DE CHILLINGHAM

Bâti dans le comté du Northumberland, au Royaume-Uni, ce château médiéval est l'un des plus étrange de Grande-Bretagne. Un lieu réputé hanté par de nombreux fantômes, aux dires de tous ceux qui prétendent les avoir vus et entendus – parfois même senti !

RÉUNION DE FANTÔMES

Parmi les fantômes du château se trouvait celui du « garçon bleu » – un garçon vêtu de bleu qui hantait une des chambres, avant la découverte d'ossements dans l'un des murs de la pièce. Celui de Lady Mary, une jeune femme du château, glissait le long

Façade du château de Chillingham – aurais-tu le courage de t'y aventurer ?

des couloirs dans un bruissement d'étoffe. Un autre sortait d'un des portraits accroché aux murs !

ILS SONT LÀ !

Certains témoins ont affirmé avoir senti une présence les toucher ou les effleurer, alors qu'ils visitaient les pièces ou le donjon de ce château lugubre. D'autres ont prétendu avoir vu des visages fantomatiques les scruter à travers les fenêtres du château.

FRAYEUR

Un endroit épouvantable !

TORTURE Pour le grand frisson, visite la chambre des tortures où étaient conduits les prisonniers écossais. On y voit des instruments destinés à arracher les yeux et les ongles, mais aussi une vierge de fer (sarcophage garni de longues pointes). Le sol de la pièce en pente facilitait l'écoulement du sang.

CHÂTEAU DE LEAP

L'histoire de cette forteresse de 500 ans d'âge fut marquée par la violence. Des familles y combattirent jusqu'à la mort et de nombreux prisonniers croupirent dans ses oubliettes. L'endroit serait hanté par de nombreux fantômes.

LA CHAPELLE SANGLANTE

En 1532, deux frères se disputèrent le contrôle de cette forteresse. L'un d'eux était prêtre. Alors qu'il célébrait une messe dans la chapelle du château, son frère fit irruption et le tua d'un coup d'épée. On dit que, depuis, le fantôme du prêtre hante cette pièce, surnommée la « chapelle sanglante ». Des passants ont affirmé avoir aperçu une lueur à la fenêtre de la chapelle, alors que le château était vide.

AUX OUBLIETTES !

La forteresse abritait des oubliettes, ces cachots souterrains d'où personne ne ressortait vivant. Le sol était hérissé de piques sur lesquelles venaient s'empaler les prisonniers, avant d'agoniser. Bien plus tard, lorsque les oubliettes furent mises au jour par les nouveaux propriétaires du château, ils y découvrirent des dizaines de squelettes effrayants.

TERRIFIANTE CRÉATURE

Des témoignages mentionnent une petite créature voûtée avec des trous noirs à la place des yeux. Ceux qui l'ont vu disent qu'il dégage une horrible odeur de corps en décomposition.

FRAYEUR

😨 😨 😨 😨

Un château lugubre et terrifiant.

Ce château abriterait de nombreux fantômes dissimulés dans les murs.

RAYNHAM HALL

La photographie présentée sur cette page serait une des rares à montrer un vrai fantôme, celui de la Dame Brune de Raynham Hall, au Royaume-Uni. Plusieurs témoins affirment avoir vu son fantôme errer autour de cette imposante demeure.

LA DAME BRUNE

Ce fantôme serait celui de Dorothy Townshend qui vécut dans cette demeure au XVIIIe siècle. Selon la légende, elle mourut de chagrin à 40 ans, après avoir vécu enfermée toute sa vie sous l'emprise de son mari. On décrit son fantôme vêtu d'une robe brune. Un fantôme à l'aspect évanescent, mais parfois si solide qu'il pourrait être confondu avec un être bien réel, en chair et en os.

PREUVE PHOTOGRAPHIQUE

Cette photographie fut réalisée en 1936 par deux photographes de presse qui visitaient la demeure. L'un deux, certain d'apercevoir un fantôme dans les escaliers, demanda aussitôt à son confrère de prendre une photo. Ce dernier ne vit rien, mais appuya sur le déclencheur de son appareil. Au développement, la photo révéla cette image fantomatique – ainsi naquit la légende.

La célèbre photo du fantôme de la Dame Brune.

FRAYEUR

Ce fantôme n'est pas le plus effrayant, mais bien le plus convaincant.

VRAI OU FAUX ?

De nombreuses photographies de fantômes sont en réalité des montages. Or personne n'a réussi à démontrer que cette photographie était truquée.

TOUR DE LONDRES

Cette ancienne forteresse est l'un des monuments les plus célèbres de Londres. Durant près d'un millénaire, elle fit office de palais et de prison. Depuis, une multitude de témoignages d'apparitions et de fantômes ont été enregistrés !

FANTÔMES DES EXÉCUTÉS

Les fantômes de personnages célèbres ayant péri dans cette forteresse hanteraient les lieux. Parmi eux se trouverait celui d'Anne Boleyn, deuxième épouse d'Henri VIII, qui errerait avec sa tête décapitée sous le bras ! Autres fantômes, ceux de jeunes princes de 9 et 12 ans, enfermés par leur oncle Richard III, soucieux de conserver sa couronne. Les princes furent plus tard assassinés et certains prétendent les avoir vus se tenir la main et pleurer.

BRUITS ET ODEURS ÉTRANGES

Les gardes et les visiteurs ont aussi entendu d'étranges bruits, des souffles, des chuchotements, des gémissements, des rires, des bruits de pas et des hurlements effrayants. La chapelle Saint-John serait hantée par une femme dont les effluves de parfum empliraient les lieux.

La tour Blanche est le plus célèbre bâtiment de la forteresse.

AVIS ! La tour est ouverte aux visiteurs et à tous les amateurs de chasse aux fantômes !

FRAYEUR

Un monument incontournable, source d'effrayantes légendes !

MOMIES

En général, la décomposition des chairs met à nu le squelette, mais dans le cas des momies, le corps reste intact – avec une peau parcheminée, des cheveux, des ongles et parfois même des yeux !

TOMBEAUX ÉGYPTIENS

Les momies de l'Égypte ancienne sont les plus célèbres. Lorsqu'un pharaon mourait, son corps était momifié à l'aide de salpêtre et d'autres produits, puis placé dans un tombeau de pierre. Des siècles plus tard, les archéologues découvrirent ces corps dans un état de conservation étonnant. Certains pensent qu'une malédiction pèse sur ces momies et que le sort s'acharne sur celui qui perturbe leur repos.

Deux momies des catacombes de Palerme.

EFFRAYANTE PALERME

À Palerme, en Italie, il est possible de visiter les catacombes, des tunnels où reposent des milliers de cadavres, en partie préservés. Des morts habillés fixent le visiteur. Les premières dépouilles ont été déposées il y a près de quatre siècles. Mais l'humidité ambiante ne facilite pas la conservation des corps.

LE SAVAIS-TU ?

Un corps se momifie aussi lorsqu'il est congelé, plongé dans un marécage ou gardé dans un endroit très sec.

FRAYEUR

Une momie parfaitement préserve à un côté véritablement terrifiant

MARY KING'S CLOSE

Ce lieu est un réseau de sombres et lugubres ruelles, chambres et passages aménagé dans le sous-sol d'Édimbourg, au Royaume-Uni. Beaucoup pensent que le lieu est hanté. Pour e grand frisson, suis une visite guidée dans les entrailles de la vieille ville !

LOCALISATION

Au départ de l'ancienne voie principale de Royal Mile, les ruelles pentues d'Édimbourg conduisent au pied d'une colline en serpentant entre de hautes bâtisses. Ces passages sont en général à ciel ouvert, mais le Mary King's Close, comme d'autres à proximité, fut en partie démoli en 1753, pour céder la place à un bâtiment officiel. Cet aménagement engendra a création d'un étrange « village » souterrain.

LES FANTÔMES DU CLOSE

On disait le lieu hanté bien avant son ouverture au public. Désormais, guides et visiteurs prétendent avoir aperçu d'étranges ombres. Par endroits, ils auraient même ressenti une certaine fébrilité et perçu des grattements provenant d'une cheminée, ou encore les échos d'une fête lointaine. Le plus célèbre des fantômes est celui d'Annie, une fillette qui dit-on rechercherait une de ses poupées. Certains visiteurs n'hésiteraient pas à lui laisser des cadeaux.

Pourrais-tu imaginer un fantôme hanter ces sombres passages ?

INVITÉS Certains guides affirment avoir vu des fantômes suivre les visites de Mary King's Close.

FRAYEUR

Il y a fort à parier que tu ne passerais pas la nuit dans ce lieu.

CRÉATURES MONSTRUEUSES ET SCIENCES DE L'ÉTRANGE

Témoignages étranges et observations inexplicables abondent – mystérieux monstres, phénomènes insolites ou événements déroutants – au point de nous glacer les sangs! La science elle-même n'est pas exempte de mystères, depuis les trous noirs aspirant toute matière jusqu'aux expériences extrêmes, sans oublier tout ce qu'il nous reste encore à découvrir!

VAMPIRES

Le mot à lui seul suscite la frayeur. Selon la légende, ces morts qui ressuscitent la nuit venue sortent de leur tombe et se mettent en quête de sang frais, en mordant la gorge de leur victime avec leurs crocs pointus. Une personne mordue se transforme à son tour en vampire. Les témoignages sont rares, mais la légende est entretenue par la littérature, le cinéma et le folklore.

LE MYTHE DES VAMPIRES

De tout temps ont circulé ces histoires de démons ou de monstres suceurs de sang, de morts-vivants qui sortent de leurs tombes. Au fil des ans, ces histoires ont donné naissance au mythe. Les vampires et leurs méfaits ont passionné les foules aux XVIIIe et XIXe siècles, et alimentent encore nos peurs.

CULTURE VAMPIRE

Plus populaire que jamais, le vampire inspire le cinéma, la littérature, les jeux vidéo, la bande dessinée et même l'univers des jouets.

LE COMTE DRACULA

En 1897, l'écrivain Bram Stoker publie le célèbre *Dracula*. Son héros, le comte Dracula, marqua de son empreinte l'image du vampire telle que nous l'imaginons – un être au teint pâle, vêtu de noir, doué d'une force étonnante, capable de se métamorphoser en animal, ou même en brume. Le vampire craint l'aube et l'ail, mais seuls un pieu de bois ou une balle d'argent dans le cœur peuvent le tuer.

FRAYEUR

Des créatures avides de sang suscitant curiosité et terreur !

MONSTRE DU LOCH NESS

Les monstres existent-ils ? Pour ceux qui en sont persuadés, le monstre du Loch Ness est probablement le plus illustre de tous. D'après certains témoins, il s'agirait d'une grande créature bossue et à long cou, évoluant dans un lac irlandais depuis le Moyen Âge.

DINOSAURE VIVANT ?

Presque toutes les observations de ce monstre surnommé « Nessie » évoquent un plésiosaure, ce reptile préhistorique doté d'un cou et d'une queue d'une longueur démesurée, d'une petite tête, d'un corps ovoïde et de quatre nageoires.

FRAYEUR

Quoi de plus effrayant qu'un monstre marin ? Pourtant Nessie est une créature des plus appréciées.

LES PREUVES

Les preuves de l'existence de Nessie se basent sur les observations d'une créature nageant dans les eaux du lac, sur des photographies de ses bosses ou de sa tête émergeant de la surface ou sur des films amateurs montrant une forme bougeant dans l'eau. Des relevés effectués depuis des bateaux ont mis en évidence d'étranges formes sous-marines. Mais nombre de ces photographies sont en réalité des trucages.

Célèbre photographie visant à prouver l'existence du monstre.

BESTIAIRE DE L'ÉTRANGE Les créatures légendaires ou mystérieuses dont l'existence n'a pas encore été prouvée sont qualifiées de « cryptiques ». Leur étude relève de la cryptologie ou « science du secret ».

CHESSIE

Comme Nessie, il s'agit d'un monstre marin maintes fois observé, mais jamais attrapé. Le monstre évoluerait dans la baie de Chesapeake, au large des côtes de Virginie et du Maryland (États-Unis).

SERPENT DE MER

Les témoins parlent d'un monstre d'environ 9 m de longueur, au corps fin et à tête de serpent. Certains prétendent qu'il a une crête dentelée le long du dos. En 1982, un habitant de la région, Robert Frew, réalisa un film amateur montrant une créature serpentiforme dans l'eau. Mais les spécialistes ne purent identifier l'espèce animale.

FRAYEUR

Un angoissant monstre marin aux allures de long et ondulant serpent.

MONSTRES DES ABYSSES

Des dizaines de lacs, baies et fleuves à travers le monde abritent leurs propres monstres, à en croire les légendes locales.

Et si le monstre Chessie n'était rien d'autre qu'une anguille géante ?

YÉTI

Cette mystérieuse créature, mi-homme, mi-bête, est affublée de bien des noms – yeti, abominable homme des neiges ou bigfoot. Tous les témoignages s'accordent à décrire une créature de forme humaine, grande, forte, marchant debout, couverte d'une fourrure comparable à celle d'un ours. Dans certains pays, on prétend que la créature attaque et mange les hommes, dans d'autres on la dit craintive et fuyante.

L'HOMME DES MONTAGNES

La plupart des observations se sont déroulées dans des régions montagneuses, à haute altitude et au cœur de forêts, comme en Himalaya ou dans les Rocheuses. Des conditions qui expliquent la difficulté de surprendre la bête, de la capturer ou de découvrir une carcasse. Si tant est que la créature existe !

FRAYEUR

La taille des empreintes de pas qui ont été découvertes suffit à dissuader quiconque de croiser le chemin du yeti !

Le yeti aperçu dans un documentaire de 1967 était-il un homme déguisé ?

CINÉMA En 1967, en Californie (États-Unis), un chasseur de yeti prétendit avoir capturé la silhouette de la créature sur pellicule. Ce document exceptionnel – ou ce canular – reste à ce jour le seul témoignage visuel en notre possession.

CHUPACABRA

Le nom *chupacabra* signifie « suceur de chèvre ». Cette bête mystérieuse qui sévirait sur tout le continent américain, achèverait chèvres, bétail et animaux domestiques en les vidant de leur sang. Mais à quoi ressemble-t-elle ?

CHIEN SAUTEUR

Le chupacabra évoquerait un croisement entre un chien sauvage et un kangourou. Ses crocs seraient aiguisés comme ceux d'un coyote, mais la bête bondirait sur ses pattes arrière. À chaque fois que quelqu'un crut avoir capturé la créature, il s'agissait en fait d'un coyote attaqué par la gale. Pas de quoi en faire un monstre !

CRÉATURE ÉPINEUSE

Vers 1995, différents témoignages firent mention d'un chupacabra à l'allure très différente. Il s'agissait cette fois d'une créature de forme humaine, se déplaçant sur deux pattes, dotée d'une peau de lézard, d'épines saillantes le long du dos et aux yeux animés d'une lueur rouge !

MONSTRE DE CINÉMA

On s'aperçut que la description du chupacabra à peau de lézard ressemblait à celle de Sil, mis en scène dans un film de science-fiction, sorti sur les écrans en **1995**.

FRAYEUR

Une bête infâme des plus patibulaires !

FANTÔMES

On connaît tous quelqu'un qui prétend avoir vu un fantôme. Le surnaturel et les histoires de fantômes nous fascinent en même temps qu'elles nous terrorisent. Partout, les fantômes hanteraient lugubres demeures, châteaux et cimetières.

QU'EST-CE QU'UN FANTÔME ?

Pour beaucoup, un fantôme est l'esprit d'un être humain décédé. Les fantômes s'éterniseraient sur cette terre pour hanter les lieux où ils vivaient. Leur présence se manifeste par des apparitions, des gémissements, des paroles ou d'étranges bruits. Certains disent même avoir été touchés par un fantôme !

INSAISISSABLES

Difficile de prouver l'existence des fantômes. Ils n'apparaissent pas à la demande ! Ils vont et viennent, mais restent difficiles à capturer sur pellicule. Des photographies existent, mais leur authenticité reste à prouver.

Qui a dit que les fantômes hantaient seulement les vieilles demeures ?

FRAYEUR

Sont-ils à la recherche de quelque chose ou de quelqu'un ? Quoi qu'il en soit, personne n'a vraiment envie de croiser leur route !

EXPLICATIONS

Leur apparition est un mystère. On peut supposer qu'un lieu puisse « enregistrer » des événements passés, avant de les restituer. Mais les fantômes peuvent aussi bien être de simples hallucinations.

ESPRITS FRAPPEURS

Cette présence inexplicable et fantomatique se manifeste par des déplacements, des bris ou des entrechoquements d'objets. Aux dires de certains, les esprits frappeurs arriveraient à soulever et à projeter une personne à travers une pièce. Le phénomène pourrait s'apparenter à une sorte de télékinésie (*voir* page 73).

MANIFESTATIONS

Le phénomène semblerait non pas lié à un lieu précis, mais plutôt à une personne. Au passage d'un esprit frappeur, les objets bougent et se brisent, des bruits étranges se font entendre, parfois accompagnés de curieux messages. Un esprit frappeur peut se manifester durant quelques semaines ou mois, mais finit généralement par s'évanouir.

STRESS ET ANGOISSE

Des chercheurs ont tenté de percer le mystère des esprits frappeurs et se sont aperçus que leurs victimes étaient souvent des gens nerveux ou dépressifs. Pour eux, ces manifestations seraient liées à une sorte de champ ou force électrique venant du cerveau de la victime.

Un esprit frappeur peut projeter des objets, te les lancer à la figure ou encore déplacer des meubles.

FRAYEUR

histoires de fantômes bruyants destructeurs sont terrifiantes !

ESPRIT FRAPPEUR DE ROSENHEIM

Un célèbre esprit frappeur se manifesta à Rosenheim, en Allemagne. Il s'était concentré sur Anne-Marie Schneider – il déplaçait les objets de son bureau en émettant de curieux sons.

SORCIÈRES

Une sorcière est une femme (les sorciers sont rares) qui use de pouvoirs magiques – aux effets bénéfiques lorsqu'il s'agit de guérir un malade, ou maléfiques, lorsqu'elle jette un sort sur quelqu'un.

CHASSE AUX SORCIÈRES

Une personne accusée de sorcellerie peut être torturée ou mise à mort. C'est ce qui se produisit il y a longtemps en Europe et aux États-Unis, et qui se passe encore dans certains pays où les hommes croient en la magie et en la sorcellerie.

PANOPLIE DE LA SORCIÈRE

Un déguisement de sorcière doit comporter un chapeau pointu et un balai. Il s'inspire des descriptions de sorcières que l'on retrouve dans les contes et légendes. Des centaines d'ouvrages ont mis en scène des sorcières – souvent plus sympathiques qu'effrayantes.

FRAYEUR

Quel est le plus effrayant, une sorcière ou le sort réservé à celle que l'on accuse de sorcellerie ?

En 1962 à Salem, aux États-Unis, se déroula un grand procès de sorcières

PROCÈS DE SORCIÈRES On mettait à l'épreuve les femmes accusées de sorcellerie. Une des méthodes utilisées consistait à leur lier les pieds et les mains, avant de les jeter à l'eau. Si elles se noyaient, on les jugeait innocentes. Dans le cas contraire, elles étaient exécutées. Dramatique !

EXTRATERRESTRES

À force de les voir dans les films, nous avons oublié que nous ne savons pas en réalité à quoi ils ressemblent ! Son apparence est-elle celle d'un humanoïde, comme nous, d'une minuscule bactérie, ou d'autre chose encore qui dépasse notre imagination ?

VIE EXTRATERRESTRE

La vie est-elle possible au-delà de notre planète ? Probablement ! En 1991 furent découvertes des exoplanètes – planètes en dehors de notre Système solaire – qui se comptent par centaines. Certaines réunissent des conditions et une température propices à l'apparition de la vie. Ces planètes se trouvent dans une zone dite « habitable ». L'univers est si vaste qu'il existe sûrement des milliards de planètes où la vie a pu se manifester.

ALERTE EXTRATERRESTRE

Imagine entendre un jour aux informations qu'une forme de vie extraterrestre nous a contactés ! Incroyable, non ? Si nous découvrons des extraterrestres, autant espérer qu'ils soient amicaux – certains pourraient bien vouloir envahir la Terre !

Certains pensent que des extraterrestres ont déjà visité notre planète (voir p. 71).

(voir p. 71)

FRAYEUR

...mment penser aux extraterrestres sans une certaine angoisse ?

CONTACT

Les astronomes guettent tous les signaux venant de l'espace. Des sondes spatiales voyagent dans l'espace avec des images et des sons témoignant de notre présence sur Terre. Peut-être seront-elles un jour interceptées !

OVNIS

Le mot évoque des vaisseaux extraterrestres, en réalité il signifie « objet volant non identifié ». Ainsi, la plupart des ovnis seraient en fait des avions, satellites, ballons météorologiques ou autres objets volants créés par l'homme. Beaucoup croient néanmoins en la visite de vaisseaux extraterrestres.

SOUCOUPES VOLANTES

On ne compte plus le nombre de photographies de soucoupes volantes, comme celle présentée sur cette page. Beaucoup sont en réalité d'habiles trucages – comme la photographie d'un faisceau de lampe torche projeté vers le ciel.

OBSERVATIONS

Tout au long de l'histoire, les hommes ont fait part d'étranges observations. Les objets décrits sont souvent ovales, lumineux, et se déplacent à une vitesse vertigineuse.

FRAYEUR

Le ciel nocturne est parfois remp d'étranges lueurs – une invasion de vaisseaux extraterrestres ?

DOSSIER TOP SECRET !

Si des extraterrestres avaient été repérés, nous serions tous informés et l'événement aurait été commenté et étudié. De quoi douter des preuves de leur existence ! Les passionnés d'ovnis pensent toutefois que les gouvernements nous cachent des choses sur le sujet. On peut aussi imaginer que les extraterrestres soient eux-mêmes très discrets !

Photographie d'une soucoupe volante.

ABDUCTION

Certaines personnes ont témoigné d'expériences incroyables d'enlèvement par des extraterrestres ou « abduction ». Parce que la chose est impossible à vérifier, ces histoires sont souvent mises sur le compte de rêves, d'hallucinations ou de simples inventions.

BETTY ET BARNEY

Un des premiers cas d'abduction fut rapporté en 1961, par Betty et Barney Hill. Tous deux étaient en voiture et rentraient de vacances lorsqu'ils aperçurent dans le ciel un éclat brillant qui, en s'approchant, se révéla être un vaisseau spatial. Deux heures plus tard, ils se retrouvèrent un peu plus loin sur la route. Au fil du temps, ils se remémorèrent avoir été embarqué à bord du vaisseau, où de petits « hommes gris » leur posèrent un tas de questions et les soumirent à différentes expériences.

MOI AUSSI!

Les témoignages d'abduction relèvent souvent du même schéma. On peut imaginer que les victimes s'inspirent d'histoires passées ou hallucinent!

De nombreuses personnes prétendent avoir été embarquées dans des vaisseaux extraterrestres.

TOURISME

Si d'aventure tu es enlevé par des extraterrestres, tâche de tout mémoriser! Étrangement, personne à ce jour n'a pu se remémorer le moindre détail technique.

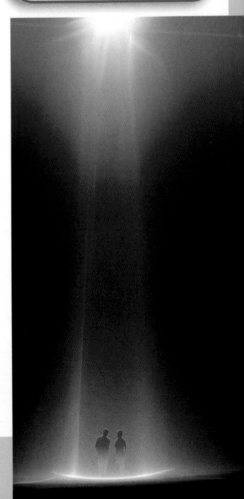

FRAYEUR

Qui ne serait pas terrorisé à l'idée être enlevé par des extraterrestres?

TÉLÉPATHIE

Essaie de communiquer avec tes amis rien que par la pensée. Si la perception extrasensorielle (PES) existe réellement, cela doit marcher !

AU-DELÀ DES SENS

La perception extrasensorielle fait référence à cette faculté de percevoir les choses non pas avec nos sens, mais avec la pensée. Cette faculté inclut la télépathie (envoi et réception de messages par la pensée), mais aussi cette aptitude à « voir » un événement passé ou à venir.

RÉALITÉ OU PAS ?

Pour beaucoup, la PES présente une part de vérité – néanmoins, les scientifiques n'ont jamais réussi àprouver le phénomène. Souvent, on parle de « sixième sens ». Ainsi, le téléphone sonne au moment où vous pensez à une personne précise, qui justement vous appelle. Les scientifiques ne voient là que des coïncidences.

POUVOIRS Certains prétendent posséder des pouvoirs psychiques, comme le don de télépathie. Des aptitudes difficiles à prouver. Qu'en penses-tu ?

FRAYEUR

On peut lire dans mes pensées ?

Expérience d'EPS pour lire dans les pensées.

TÉLÉKINÉSIE

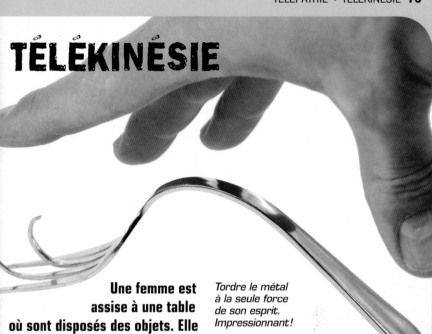

Tordre le métal à la seule force de son esprit. Impressionnant !

Une femme est assise à une table où sont disposés des objets. Elle se concentre, agite ses mains tremblantes d'avant en arrière, face à elle. Soudain, les objets se mettent en mouvement. Elle ne les touche pas, mais les objets se déplacent. Un spectacle étonnant !

FRAYEUR

Si quelqu'un déplace des objets par la pensée, de quoi d'autre est-il capable ?

QUESTION DE MENTAL

Cette expérience de télékinésie (déplacement d'objets par la pensée) se déroula en Russie, en 1967. La femme en question, Nina Kulagina, prétendait pouvoir déplacer des objets uniquement par la force de sa pensée. Une aptitude qui exigeait d'elle effort et concentration.

UN DON UTILE !

Si la télékinésie était à la portée de tous, imagine tout ce que nous pourrions faire. Inutile de se déplacer dans la cuisine pour aller chercher un verre, il viendrait à nous en volant !

LE SAVAIS-TU ? Une forme de télékinésie permet de déformer les objets. Une aptitude mise à l'honneur dans les années 1970 et 1980 par Uri Geller, qui passait souvent à la télévision pour tordre petites cuillères et fourchettes.

TRIANGLE DES BERMUDES

Dans l'océan Atlantique, entre la Floride et la mer des Caraïbes, un triangle imaginaire d'environ 800 000 km² délimite un secteur où se sont perdus nombre de bateaux et d'avions. Zone réputée où se multiplient accidents et naufrages, le triangle des Bermudes est aussi le cadre de disparitions inexpliquées.

HYPOTHÈSES

Toutes sortes d'hypothèses étranges ont été avancées pour tenter d'expliquer le mystère du triangle des Bermudes. Les navires et les avions disparus ont-ils été aspirés dans l'espace, détournés par des extraterrestres ou des monstres marins, ou bien ont-ils franchi une porte spatio-temporelle ? Peut-être ont-ils été détruits par de puissantes forces surnaturelles ou magnétiques en provenance de la mythique Atlantide engloutie ?

MISE AU POINT

Pourtant, le triangle des Bermudes n'est pas aussi mystérieux que ce que l'on pourrait croire. Le nombre d'accidents et de disparitions y est certes assez élevé. Mais il s'agit d'une des routes aérienne et maritime les plus encombrées au monde – traversée par beaucoup d'avions et de navires. Un secteur aussi exposé aux ouragans et aux tempêtes. D'où un pourcentage d'accidents plus élevé !

FRAYEUR

Prudence de rigueur dans ce secteur !

BULLES DES BERMUDES

Des gisements de gaz sous le plancher océanique du secteur pourraient être responsables de la remontée de bulles en surface, et l'agitation créée expliquerait le naufrage de certains bateaux.

Trombe marine soudaine dans le triangle des Bermudes.

CERCLES DE CULTURES

Depuis les années 1970, ce phénomène a gagné en popularité. Les cercles de culture correspondent à des formes et motifs complexes (pas seulement des cercles) réalisés dans les champs de céréales. Le plus souvent, ces compositions apparaissent au petit matin, comme par magie – certains y voient l'œuvre d'extraterrestres.

C'EST MOI !

De nombreuses personnes ont avoué avoir elle-même réalisé des cercles de culture, à l'aide de planches traînées au sol pour plier les épis et délimiter un motif. Des compétitions s'organisent entre équipes cherchant à réaliser les motifs les plus originaux.

NON, CE N'EST PAS MOI !

Les défenseurs de l'hypothèse extraterrestre prétendent que ces cercles d'épis couchés ne sont que des copies des originaux. Pour eux, les vrais cercles de culture présentent des traces de chaleur et apparaissent soudainement. Certains affirment même avoir vu d'étranges lueurs au-dessus des champs où des cercles étaient en train de se dessiner.

BIZARRE !

Pour certains scientifiques, le vent ou la foudre pourraient être à l'origine de ces motifs.

Que peut donc signifier cet étrange cercle de culture ?

FRAYEUR

S'agit-il vraiment de messages en provenance d'autres mondes ?

SORTIE DANS L'ESPACE

En l'absence de sol, cette prouesse n'a rien d'une promenade ordinaire. L'astronaute sort du vaisseau spatial et flotte librement en apesanteur. Ces sorties ont généralement pour but de réparer ou de remplacer une pièce du vaisseau spatial.

PROTECTION

Impossible de sortir dans ce milieu privé d'oxygène et de pression sans une protection adaptée. Autrement, l'astronaute ne pourrait respirer, perdrait connaissance et gonflerait. D'où l'intérêt de disposer d'un casque, d'une réserve d'oxygène et d'une combinaison recréant la pression atmosphérique terrestre.

JE M'ÉLOIGNE !

La pire chose qui puisse arriver à un astronaute serait de s'éloigner de son vaisseau en flottant... sans pouvoir revenir ! L'astronaute et le vaisseau se déplacent toujours dans la même direction, mais une légère déviation pourrait projeter l'astronaute dans le vide.

Edward White fut le premier astronaute américain à sortir dans l'espace.

PROMENADE Une sortie peut durer des heures, les combinaisons sont donc dotées d'un « distributeur » de boisson et même d'une couche jetable !

FRAYEUR

😨 😨

Une sortie dans l'espace est une expérience fantastique, mai la moindre erreur peut-être fatal

TROUS NOIRS

Dans l'espace, un trou noir n'occupe pas un volume, mais représente seulement une masse. Cela signifie qu'il abrite une immense quantité de matière, d'où son poids et son incroyable gravité. L'attraction gravitationnelle d'un trou noir est telle qu'elle aspire tout objet qui passe. Un trou noir absorbe même la lumière – d'où son nom.

PHÉNOMÈNE D'ASPIRATION

Un trou noir paraît bien effrayant, si l'on songe qu'il pourrait aspirer l'univers tout entier. La chose est néanmoins impossible. Comme la Terre, son attraction gravitationnelle s'exerce sur son environnement proche, mais ne vous affecte pas si vous êtes suffisamment éloigné de lui. Fort heureusement pour nous, aucun trou noir ne se trouve à proximité de la Terre.

UN TROU NOIR SUR TERRE?

Les scientifiques étudient la matière en écrasant des particules à l'aide d'un accélérateur de particules, comme le Grand Collisionneur de hadrons, implanté à la frontière franco-suisse. Certains craignent que ces expériences finissent par créer un trou noir qui aspirerait la Terre. Une hypothèse réfutée par les scientifiques!

Pour les scientifiques, un trou noir est assez puissant pour désintégrer une étoile, avant de l'avaler!

FRAYEUR

Heureusement, les chances d'être aspirés par un trou noir sont infimes!

QUATRIÈME DIMENSION Dans les récits de science-fiction, les trous noirs représentent des portes spatio-temporelles conduisant à d'autres univers.

VIRUS MORTELS

Un virus est un type de microbe qui envahit vos cellules et vous rend malade. Un virus se propage d'une personne à une autre. La grippe, le HIV, le rhume ou la rougeole sont toutes des maladies virales.

Virus de la grippe aviaire.

LUTTE CONTRE LES MICROBES

Nous disposons de médicaments capables de traiter la plupart des maladies. Mais un virus peut évoluer, se combiner ou muter pour créer de nouvelles formes virales. Ainsi, il deviendra soudainement plus agressif ou un nouveau virus apparaîtra. Enfin, un virus mortel peut se multiplier et se transmettre d'homme à homme, jusqu'à s'étendre à travers le monde et tuer des millions ou même des milliards d'individus – dans ce cas, on parle de pandémie.

FRAYEUR

Un virus peut-il anéantir l'humanit

LA VIE OU LA MORT

Un virus a besoin des hommes pour survivre. Les virus ne peuvent se reproduire en l'absence de cellules humaines où se fixer.

GRIPPE La grippe est une maladie bénigne, mais parfois mortelle. Le virus responsable est le plus à même de générer une pandémie en raison de sa rapidité à muter. Les scientifiques luttent sans relâche pour mettre au point des vaccins.

GÉNIE GÉNÉTIQUE

Les gènes sont des séquences d'instructions situées dans les cellules des êtres vivants qui dictent le fonctionnement de l'organisme. Le génie génétique travaille à leur transformation.

MALIN GÉNIE

De nos jours, les créations nées des prouesses du génie génétique ne sont pas aussi effrayantes que ça! Parmi elles se trouvent des fraisiers porteurs d'un gène issu d'un poisson abyssal. Le gène en question protège les fraisiers du gel en fabriquant son propre antigel. Les techniques utilisées pourraient tout aussi bien donner naissance à des créatures terrifiantes, mi-homme mi-bête, ou à des virus incontrôlables.

CRÉATURES ARTIFICIELLES

Enfin, la science pourra peut-être un jour recréer l'homme, en recombinant tout un génome (ensemble de gènes). Imaginez la création de véritables monstres!

FRAYEUR

Les scientifiques pourraient-ils créer des monstres ou des virus mortels?

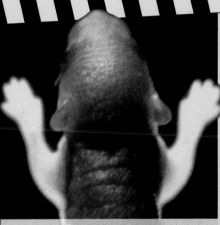

Une protéine issue d'une méduse donne à cette souris cette étrange couleur verte sous une lumière ultraviolette.

UTILITÉ DU GÉNIE GÉNÉTIQUE Cette avancée scientifique nous permet d'avoir des cultures plus résistantes et des bactéries synthétiques utiles à la fabrication de médicaments. Mais, beaucoup craignent les dérives de cette science, alors que d'autres condamnent les effets potentiellement dangereux d'une alimentation basée sur ces manipulations.

NANOTECHNOLOGIE

« Nano » signifie « un milliardième », soit une chose minuscule. La nanotechnologie est une technologie basée sur une échelle infinitésimale, œuvrant à la fabrication de machines créées par l'assemblage de pièces des plus minuscules.

QUEL INTÉRÊT ?

Les applications de la nanotechnologie sont fascinantes. Nous pourrions disposer à domicile de « nano-usines » capables de fabriquer toutes sortes de produits. Des machines minuscules et invisibles pour dépolluer l'air ou pénétrer dans notre organisme et le réparer ou anéantir des maladies. De même, nous pourrions fabriquer une partie de notre nourriture, plutôt que de la cultiver.

CRAINTES JUSTIFIÉES ?

Entre de mauvaises mains, cette science est dangereuse. Criminels ou terroristes pourraient utiliser des « nano-usines » pour fabriquer des bombes ou des substances toxiques. Un horrible scénario de science-fiction !

Nanomachine détruisant des cellules cancéreuses à l'intérieur du corps humain.

FRAYEUR

Une science pour le meilleur et pour le pire !

GELÉE GRISE Imagine si ces merveilles de technologie ou nanorobots prenaient le pouvoir sur Terre ! Une fois capables de trouver leur propre énergie et de s'autorépliquer, ils pourraient former une gigantesque population de vies artificielles, la « gelée grise ».

INTELLIGENCE ARTIFICIELLE

L'intelligence artificielle (IA) est une technologie basée sur la création de systèmes dotés de capacités intellectuelles comparables à celles du cerveau humain. Des robots capables de s'adapter à leur environnement ou encore des ordinateurs aptes à prendre des décisions et à parler.

MACHINES PENSANTES

Les ordinateurs deviennent très vite de plus en plus puissants. Certains spécialistes prédisent qu'arrivera un moment ou l'IA deviendra une « super-intelligence » qui surpassera les capacités intellectuelles de l'homme. Nous n'en sommes encore pas là, même si cette théorie alimente déjà de nombreux films.

MACHINES AU POUVOIR

Dans les pires prédictions, des robots super-intelligents arriveraient à construire des machines inédites et à trouver leur propre énergie. Ils pourraient commencer à régner sur l'humanité.

Nous fabriquerons un jour des robots véritablement humanoïdes.

FRAYEUR

n à craindre des robots – à moins ils décident de dominer le monde !

ANDROÏDES Dans les films de science-fiction, les robots ressemblent à des humains. Une telle chose peut-elle se produire ? Probablement. Les scientifiques travaillent à la fabrication d'une peau artificielle et la modélisation d'expressions faciales en rapport avec les émotions humaines.

CASCADES INCROYABLES ET PROUESSES TERRIFIANTES

Les activités de plein air nous réservent parfois quelques frayeurs! On trouve assez facilement le courage de se lancer à l'assaut d'un grand huit ou d'effectuer un saut à l'élastique, mais d'autres prouesses comme le wing walking (« marche sur les ailes d'un biplan ») ou le plongeon de falaise sont bien plus terrifiantes. Pars à la découverte d'exploits encore plus audacieux!

VOLTIGE AÉRIENNE

Les avions sont capables d'incroyables voltiges, à la hauteur du talent de leur pilote, ou d'effrayantes descentes en piqué laissant imaginer le pire, avant que l'avion se redresse à la dernière minute.

SPECTACLE

Les spectacles de voltige ou d'acrobatie aérienne se déroulent lors de meetings acrobatiques ou de compétitions de voltige. Les pilotes évoluent souvent en patrouille et exécutant des figures toujours impressionnantes pour le public

FRAYEUR

😨 😨 😨 😨

Certaines figures de voltige exigent des nerfs d'acier !

— notamment lorsque deux avions lancés à pleine vitesse se font face et semblent prêts à se percuter !

FIGURES INCONTOURNABLES

- **Boucle** : l'avion fait une rotation en se cabrant, puis passant sur dos.
- **Tonneau** : l'avion fait une rotation complète sur lui-même, tout en volant à l'horizontale.
- **Vrille** : l'avion vole à l'horizontale, avant de réduire sa vitesse et de plonger à la verticale.
- **Piqué** : l'avion descend à la verticale, puis redresse sa trajectoire près du sol.

ACCIDENT !

Une figure des plus spectaculaires consiste à simuler un accident pour impressionner le public. L'avion décroche, puis plonge en piqué en tourbillonnant. Le pilote peut lâcher de la fumée pour parfaire le spectacle.

Patrouille à la manœuvre, marquant sa trajectoire avec de la fumée.

WING WALKING

Les amateurs de ce sport extrême sont harnachés au sommet d'un biplan qui évolue en plein ciel en effectuant virages, boucles et descentes en piqué. De quoi avoir les cheveux qui se dressent sur la tête ! Les compétiteurs fendent l'air à plus de 260 km/h.

DRÔLE DE NOM

Cette discipline dont le nom signifie en anglais « marche sur les ailes » ne consiste pas en réalité à marcher sur les ailes d'un avion ! Celui qui tenterait l'expérience serait projeté dans les airs. Le « wing walker » est en fait harnaché à une structure fixée à l'avion. Les professionnels réussissent néanmoins à changer de position et à effectuer quelques mouvements acrobatiques, comme se tenir en équilibre sur les mains.

ENTRAÎNEMENT

Les amateurs de ce genre de spectacle se rendront à des meetings aériens où s'entraînent souvent les professionnels. Les wing walkers prennent place au sommet d'avions qui évoluent parfois en formation.

LÉGÈRETÉ Les meilleurs wing walkers sont des femmes. Plus légères et petites que les hommes, elles ne déséquilibrent pas l'avion en plein vol.

FRAYEUR

😨 😨 😨

À éviter si tu as peur de l'avion !

Performance d'un wing walker en plein ciel.

CASCADE AUTOMOBILE

Courses poursuites, conduite d'évitement au cœur de lieux publics, accidents, vrilles et tonneaux, passage à travers des obstacles, sauts au-dessus du vide... Qui n'a jamais vu ces cascades au cinéma?

ÉCOLE DE CASCADEURS

Les passionnés de cascade automobile se forment aujourd'hui dans des écoles spécialisées. Un cascadeur professionnel n'a rien d'un fou du volant! C'est avant tout un bon conducteur, faisant preuve de calme et de maîtrise. Au cinéma, on préfère des gens assez grands, qui feront paraître la voiture plus imposante et plus puissante. Lors d'une cascade, le conducteur se retrouve ballotté dans tous les sens. Quel que soit son talent, le conducteur souffrira de blessures et douleurs – un cascadeur risque sa vie pour faire illusion.

SOIF DE VITESSE

Les courses poursuites restent les scènes d'anthologie de nombreux films. Le public ne se lasse pas de ces cascades impressionnantes. Un cascadeur talentueux est un acteur incontournable pour l'industrie du cinéma et de la télévision.

Conducteur lors du festival de cascade de Belgrade, en Serbie.

AS DU VOLANT

Entraînés aux cascades et à la conduite à grande vitesse, les cascadeurs sont les meilleurs et les plus sûrs des conducteurs.

FRAYEUR

Un cascadeur professionnel exerce un métier excitant, mais à risques!

CHUTE LIBRE

La pratique de la chute libre, exige de se jeter dans le vide! Tu sautes d'un avion et plonge vers le sol à une vitesse vertigineuse, supérieure à celle d'un guépard en pleine course. Heureusement, tu disposes d'un parachute.

SAUTER POUR LE PLAISIR

Inventé au XVᵉ siècle, le parachute permettait de sauter en sécurité depuis un point élevé. Plus tard, le dispositif fut utilisé pour débarquer des soldats au cœur des zones de conflits. Après les années 1940, le parachutisme commença à devenir une activité de loisirs.

FRAYEUR

Terrifiant! Une discipline réservée aux passionnés.

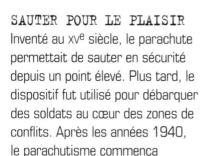

DÉFIER LA MORT

Un saut en chute libre s'effectue en règle générale à partir d'un avion évoluant à 4000 m d'altitude. La chute libre dure environ 1 minute. Un temps suffisant pour enchaîner différentes figures imposées, en solo ou en formation. Ces sauts groupés sont plus dangereux, avec des risques de collision ou d'ouverture non synchronisée des parachutes.

Saut en chute libre pour ces parachutistes de l'extrême.

RECORD Les parachutistes les plus fous tentent de battre des records de vitesse en sautant tête la première et en adoptant une position aérodynamique. Ils chutent ainsi à plus de **480 km/h!**

VOL EN WINGSUIT

Les hommes ont conquis les airs à bord de machines volantes. Mais l'homme peut-il voler seul ? Le vol en wingsuit nous démontre que la chose est possible. L'amateur de cette discipline plane à l'aide d'une combinaison spéciale, dotée d'une membrane tendue entre les bras et les jambes en guise d'ailes.

COMMENT ATTERRIR ?

L'homme-oiseau qui évolue en wingsuit dispose d'un parachute logé dans sa combinaison. Les fabricants cherchent à mettre au point un modèle permettant de se poser en toute sécurité.

LE PRINCIPE

Les ailes de la combinaison se gonflent d'air, se tendent et se rigidifient, permettant de planer comme un oiseau, d'effectuer des descentes en piqué ou des boucles. Certains amateurs ont aussi battu des records de distance en planant sur près de 20 km à l'horizontale, lors d'une seule et unique séance de vol.

Plan rapproché sur un homme équipé d'un wingsuit.

LE SAVAIS-TU ? Le wingsuit a été inventé dans les années 1990 par le français Patrick de Gayardon. Ce passionné s'est tué en 1998, lors d'un saut d'entraînement.

FRAYEUR

Un sport extrême exigeant bien plus que du courage !

BASE JUMP

Cette discipline extrême consiste à sauter en parachute, mais pas d'un avion. Les parachutistes s'élancent dans le vide depuis une base fixe à terre, comme le sommet d'un immeuble, d'une antenne, d'un pont ou d'une falaise.

AU BON MOMENT

Tu penses peut-être que de sauter du haut d'un immeuble ou d'un pont est moins effrayant que de sauter d'un avion à 4 000 m. Tu as tort! Le danger du base jump est qu'il ne laisse aucune place à l'erreur. Tu as très peu de temps pour ouvrir ton parachute et la zone d'atterrissage est souvent petite. La proximité d'un immeuble ou d'une falaise augmente le risque d'accident – un coup de vent suffit à te projeter contre la façade ou la paroi.

LOISIR MORTEL

Quelques parachutistes ont par le passé tenté de s'élancer de falaises ou de tours, mais le base jump moderne fit son apparition dans les années 1970, popularisé par le parachutiste et photographe norvégien Carl Boenish. Sa passion lui fut fatale et il se tua en 1984, lors d'un saut en Norvège. Cette discipline est malheureusement responsable de nombreux décès.

Adepte de base jump sautant d'une falaise.

RISQUE MAXIMAL

Les sauteurs s'élancent parfois du sommet de structure d'à peine 34 m de hauteur, soit une durée de chute de 2,6 secondes à peine!

FRAYEUR

Un des sports les plus effrayants, y compris pour les spectateurs!

SAUT À SKI

Cette discipline olympique a de quoi donner le frisson! Après avoir dévalé une rampe de glace géante à près de 100 km/h, le sauteur plane sur près de 120 m ou plus, à 18 m au-dessus du sol. Un envol à cette vitesse implique en règle générale un atterrissage catastrophique et potentiellement mortel.

COMMENT FONT-ILS?

Généralement, les sauteurs atterrissent sans une égratignure en alignant leurs skis sur la pente au moment où ils touchent la neige. La maîtrise des techniques d'élan, de vol et d'atterrissage exige du talent. Les sauteurs s'entraînent souvent dès leur plus jeune âge, en commençant par dévaler de petites rampes, avant de s'attaquer aux modèles de taille olympique.

SPORT DANGEREUX?

Le sauteur risque sa vie à l'atterrissage. Une mauvaise réception peut entraîner une chute dangereuse pour la tête ou les cervicales. Les accidents sont rares et le saut à ski n'est pas plus dangereux que d'autres sports d'hiver, comme le snowboard.

FRAYEUR

Un spectacle terrifiant, même si les sauteurs maîtrisent la situation.

Compétiteur en plein vol après son élan du tremplin.

RECORDS Les sauteurs sont jugés sur la distance parcourue et non sur la hauteur atteinte. En saut à ski longue distance, un sauteur peut parcourir jusqu'à 200 m – soit sept fois la longueur d'un terrain de basket-ball!

GRIMPE URBAINE

Plus hauts sont les gratte-ciel, plus excitant est le défi lancé aux amateurs de grimpe urbaine. Ces fous de grimpe escaladent en solo et à mains nues les façades des plus hautes tours – souvent sans l'aide de cordes ou d'autres équipements de sécurité.

TENIR BON

Il existe des milliers de tours, chacune avec ses particularités. Certaines sont dotées de poutres ou de saillies qui facilitent l'ascension du grimpeur. D'autres présentent des façades lisses et nues, apparemment impossibles à gravir. En associant puissance et légèreté, les amateurs de grimpe urbaine parviennent à s'agripper à la plus petite des crevasses.

PRATIQUE ILLÉGALE

En milieu urbain, les grimpeurs doivent avoir une autorisation pour escalader un bâtiment. Certains adeptes, comme l'illustre grimpeur français Alain Robert, défient la loi en escaladant des immeubles sans l'accord de leur propriétaire. Ils risquent leur vie, et occasionnent embouteillages et attroupements au cœur des cités. Sans attendre, les autorités s'emploient à dégager les lieux pour éviter tout accident en cas de chute. Puis la police arrête le grimpeur une fois son exploit accompli.

FRAYEUR

Suspendu à la façade d'un gratte-ciel.
Un cauchemar !

Le grimpeur Alain Robert, lors de son ascension de la tour de la Fédération, à Moscou, en Russie.

L'HOMME VOLANT

La grimpe urbaine est une discipline assez ancienne. L'Américain George Polley, « l'homme volant », escalada des centaines de bâtiments entre 1910 et 1927.

FREERUN

Cette discipline étonnante pratiquée en milieu urbain consiste à courir, sauter, se balancer et exécuter des saltos en franchissant obstacles et structures. Pas question de glisser! Le freerun exige du talent, de l'entraînement et, plus important encore, du courage.

SAUTS SPECTACULAIRES

Les meilleurs réalisent des figures incroyables : courir le long d'un mur, avant d'effectuer un salto arrière, franchir une volée de marches d'un simple saut ou s'élancer dans le vide entre deux bâtiments… Ces sportifs surentraînés maîtrisent à la perfection les techniques d'atterrissage en toute sécurité. Un néophyte qui tenterait de les imiter risquerait gros!

QUESTION DE STYLE

Le freerun s'est développé à partir du parkour, apparu en France vers 1990. Le parkour consiste à se rendre d'un point A à un point B, en associant efficacité et souplesse, et en exploitant les obstacles. Les adeptes du freerun ont développé leur propre style en insistant sur l'élégance des mouvements exécutés en solo ou en formation.

Adepte de freerun s'élançant entre deux immeubles.

PLEIN LES YEUX!

Pour mieux juger, regarde une vidéo d'un des maîtres du freerun, comme Sébastien Foucan.

FRAYEUR

Sportifs surentraînés ou surhommes?

PLONGÉE EN APNÉE

Cette discipline est un sport extrême, impliquant de plonger sans équipement ou matériel respiratoire – souvent pour descendre le plus profondément possible, avant de remonter en surface, en toute sécurité.

IMPOSSIBLE !

En eau profonde, un plongeur a besoin d'un matériel respiratoire. À partir d'une certaine profondeur, la pression exercée par l'eau comprime la poitrine et ne permet plus aux poumons de se dilater. Bouteilles et autres équipements envoient de l'air comprimé dans les poumons, afin de solutionner le problème. Un apnéiste plonge à la même profondeur ou plus encore que les plongeurs équipés, là où la pression exercée par l'eau est énorme. Ils réussissent cet exploit en ne respirant plus dès qu'ils sont dans l'eau.

RETENIR SA RESPIRATION

En général, on ne parvient pas à retenir sa respiration longtemps – pas plus de 30 secondes ou 1 minute au plus. Les meilleurs apnéistes bloquent leur respiration durant près de 4 minutes !

L'apnéiste française Audrey Mestre, lors de son record du monde.

FRAYEUR

☹ ☹ ☹ ☹ ☹

Au plus profond des abysses, sans possibilité de respirer… L'angoisse !

RÉFLEXE LIQUIDE

Quand nous plongeons, nos poumons se remplissent de plasma (partie liquide du sang) afin d'éviter une trop forte compression. Ce réflexe est propre à tous les humains.

PLONGEON DE FALAISE

Imagine-toi en équilibre au bord d'une falaise! Sous tes pieds, un à-pic de 26 m (soit la hauteur d'un immeuble de 8 étages). Voilà le quotidien de ceux qui, à travers le monde, plongent du sommet de falaises – pour la compétition ou le plaisir!

SPLASH!

En plongeant du sommet d'une falaise, tu touches l'eau à plus de 100 km/h. À une telle vitesse, l'eau paraît aussi dure que la roche et peut causer des blessures. Cette discipline exige une bonne condition physique, de la force et une grande technique, afin d'entrer dans l'eau sans faire un plat!

SPECTACLE ASSURÉ

Les meilleurs plongeurs agrémentent leur performance de figures de style. Parfois, deux ou trois participants plongent de façon synchronisée.

FRAYEUR

Une prise de risque doublée d'un sentiment de terreur!

Séquence d'un plongeon de falaise avec saltos.

SPÉLÉOLOGIE

Dans les profondeurs de la Terre se cachent des millions de passages, de grottes et de rivières souterraines. L'exploration de cet univers sombre et humide passionne nombre d'amateurs – à condition de pas s'y perdre, y rester emprisonné ou être balayé par les eaux!

AU CŒUR DES GROTTES

Un réseau souterrain peut s'étendre sur des kilomètres et compter une multitude de chambres reliées par d'étroits tunnels. Certaines grottes ont une ouverture à l'air libre facilitant l'entrée des spéléologues, qui progressent et s'orientent prudemment à l'intérieur du réseau pour ne jamais se perdre. Leur équipement inclut casques, lampes torches étanches, piles de secours, vêtements chauds et nourriture, au cas où ils s'égarent.

Spéléologue dans un passage étroit.

FRAYEUR

La spéléologie est un véritable cauchemar pour les claustrophob

MONTÉE DES EAUX

Les grottes souterraines recueillent les eaux de ruissellement issues de la surface. Un réseau abrite parfois de spectaculaires piscines et cascades souterraines, explorées par certains plongeurs spéléologues. Après de fortes pluies, une grotte peut vite se retrouver inondé. Toute exploration exige alors la plus grande prudence!

CLAUSTROPHOBIE Il s'agit de la peur des espaces clos et confinés. Les spéléologues doivent parfois se faufiler dans des crevasses – l'angoisse pour un claustrophobe!

GRAND HUIT

Tout le monde connaît cette attraction – mais certains n'y sont jamais montés. Bien trop effrayant! Pour les amateurs de sensations fortes, rien ne vaut un tour sur un grand huit – plus on a peur, mieux c'est!

PURE ADRÉNALINE

Un grand huit doit être sûr et solide, mais aussi conçu pour te procurer la frayeur de ta vie. Des wagons ouverts glissent le long de rails, donnant aux passagers l'illusion de voler. À l'amorce d'un virage serré, tu as l'impression d'être propulsé dans l'espace. Les wagons grimpent lentement des côtes abruptes, puis plongent à une vitesse vertigineuse. De nombreux grand huit ont des virages dits « en tire-bouchon », au passage dans lesquels tu te retrouves la tête en bas.

FRAYEUR

Certains amateurs de grand huit n'hésitent pas à parcourir le monde pour vivre le grand frisson.

EMBARQUEMENT

Sur certains grand huit, les passagers sont assis les jambes dans le vide, sur d'autres ils sont debout (mais toujours harnachés).

Passagers du grand huit du parc d'attraction de LaQua, au Japon.

BOBSLEIGH

Dévaler une pente enneigée en luge suffit déjà à nous effrayer. Le bobsleigh, classé discipline olympique, est plus terrifiant ! Le traîneau fuse dans la piste glacée en forme de tube.

C'EST PARTI !

Le traîneau peut atteindre 160 km/h sans être propulsé par un moteur. Seule la gravité lui procure son énergie – sans oublier la poussée au départ de l'engin. L'équipe commence par pousser le traîneau en courant, puis saute à bord dès son accélération. La personne à l'avant dirige la course de l'engin, en cherchant à suivre la trajectoire la plus rapide et la plus fluide, tout en évitant de s'écraser contre les murs de glace.

FRISSONS GARANTIS

Plus impressionnant : le skeleton. Ce sport individuel fait appel à une sorte de petite luge sur laquelle le pratiquant s'installe à plat ventre, tête face à la piste, avant de dévaler la piste à près de 130 km/h.

FRAYEUR

Un sport d'hiver qui conjugue frayeur et angoisse.

Équipe allemande de bobsle en pleine action lors des Je olympiques de 2008.

SAUT À L'ÉLASTIQUE

Le sauteur est relié à une longue corde élastique, fixée aux chevilles ou au torse avec un harnais spécial. Le but étant de se jeter dans le vide du haut d'un tremplin de saut. Après une chute libre, la corde élastique commence à se tendre, puis freine et stoppe la chute, avant quelques rebonds et l'arrêt définitif. De quoi te secouer, même si tu es bien accroché !

BOING !

Le saut à l'élastique s'inspire probablement d'un rite initiatique pratiqué sur l'île du Vanuatu, dans l'océan Pacifique Sud. Des jeunes hommes s'élancent dans le vide depuis des tours des bois de 30 m de hauteur, avec une simple liane attachée aux chevilles. Ces défis mettent à l'épreuve leur courage et leur virilité. Dans les années 1970, des amateurs de sports extrêmes adaptèrent le principe en utilisant une corde élastique. Ils réalisèrent leur premier saut depuis le pont suspendu de Clifton, à Bristol, au Royaume-Uni.

RECORD BATTU

Le cascadeur Dave Barlia réalisa le plus vertigineux des sauts à l'élastique en s'élançant depuis un hélicoptère, à 3 300 m d'altitude !

FRAYEUR

ne chute libre et un rebond dans les airs… Cauchemardesque !

Sauteur à l'élastique.

ESCALADE

Depuis toujours, les hommes escaladent rochers, falaises et montagnes — pour explorer leur environnement, admirer un panorama, échapper à une bête sauvage ou simplement pour le plaisir.

EN CORDÉE

Les grimpeurs sont équipés de baudriers et de cordes. La corde peut être fixée à un rocher ou un arbre au sommet de la paroi, ou sécurisée à l'aide de mousquetons et de broches métalliques ancrées dans la roche, le long de la voie d'escalade. Le premier de cordée escalade tandis que son coéquipier tend la corde, de sorte que le grimpeur ne chute pas au pied de la paroi en cas de décrochage. Une technique sûre si elle est bien exécutée. Néanmoins, certains amateurs paniquent et exigent l'intervention des secours !

GRIMPEURS DE L'EXTRÊME

Certains grimpeurs préfèrent la liberté offerte par l'escalade libre, sans cordes. Les meilleurs grimpent en solo et atteignent des hauteurs vertigineuses, en empruntant des voies dangereuses sans aucun équipement. Le spectacle offert par leurs exploits suffit à nous donner des sueurs froides. N'essaye jamais de les imiter !

BONNE NUIT !

L'escalade d'une paroi peut durer quelques jours. La nuit, les grimpeurs dorment au niveau de saillies rocheuses, dans des sacs de couchage solidement arrimés à la paroi.

Grimpeurs en pleine escalade dans les gorges du Verdon, en France.

FRAYEUR

Entre excitation
et terreur absolue !

DESCENTE EN RAPPEL

Cette technique consiste à descendre d'un point élevé à l'aide d'une corde. Les grimpeurs y font appel, mais aussi les mineurs et les laveurs de vitres travaillant sur les façades de tours.

PRINCIPE

La corde, lacée et nouée d'une certaine façon, glisse le long des mains tout en permettant de contrôler la vitesse de descente. En général, une personne au sol se charge de tendre la corde, pour assurer la sécurité du descendeur (*voir* ci-contre).

PAR-DESSUS BORD !

Le moment le plus impressionnant est celui où l'on se met en position depuis le sommet, en basculant le dos dans le vide. Lors de la descente en rappel d'une paroi rocheuse, le descendeur peut s'appuyer contre la roche avec les pieds, puis pousser sur ses jambes pour rejoindre le sol par « petits bonds ». Les pieds doivent être assez écartés et la poussée simultanée, pour ne pas tourner sur soi-même et se cogner !

FRAYEUR

La hauteur impressionne, mais la technique est simple – l'idée de rejoindre la terre ferme te motivera !

Descente en rappel, après une escalade.

AÏE ! Attachez des cheveux trop longs lors d'une descente en rappel, sous peine de les coincer dans la corde !

RAFTING

Un raft est un grand radeau pneumatique embarquant plusieurs personnes et utilisé pour descendre une rivière qui comporte des rapides.

FRAYEUR

L'amusement cède parfois place au danger et à la peur.

EAU VIVE

L'eau vive désigne ces sections de rivière où l'eau se transforme en rapides, agités par des rochers et des cascades. Une descente en raft offre le plaisir de la vitesse et des secousses, mais présente aussi un certain danger.

POUR LE FUN

Sport extrême et activité de loisirs, le rafting est à la portée de tous. Les embarcations ont en général une capacité de 12 personnes. Les passagers assis et répartis de chaque côté du raft portent un gilet de sauvetage et un casque. Chacun est équipé d'une pagaie pour diriger le raft. En eau vive, une descente se transforme en une équipée sauvage, où le bruit, la peur et l'excitation ponctuent cette course rapide faite de rebonds contre les rochers et de plongées au passage de petites cascades.

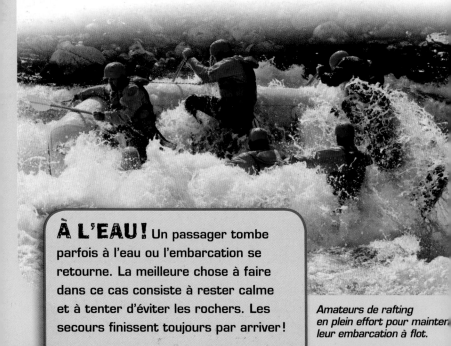

À L'EAU ! Un passager tombe parfois à l'eau ou l'embarcation se retourne. La meilleure chose à faire dans ce cas consiste à rester calme et à tenter d'éviter les rochers. Les secours finissent toujours par arriver !

Amateurs de rafting en plein effort pour maintenir leur embarcation à flot.

LÂCHER DE TAUREAUX

Cette étonnante coutume espagnole ajoute la peur à la folie. Comment imaginer que l'on puisse envisager de dévaler une rue avec une meute de taureaux de 680 kg à ses trousses? Ils sont pourtant nombreux à relever le défi chaque année.

DÉROULEMENT

Le lâcher de taureaux ou *encierro* se déroule à Pampelune en juillet, lors des fêtes de San Fermín. À cette période sont aussi organisées des corridas, ces spectacles où le taureau est mis à mort par un toréador dans une arène. À huit heures du matin, les bêtes, qui étaient enfermées dans un enclos à l'autre bout de la ville, sont lâchées dans les rues pour rejoindre l'arène.

Autrefois, seuls les gardiens conduisaient les taureaux le long du trajet, en se tenant derrière la meute. De nos jours, hommes et femmes téméraires participent à cette course sauvage.

ET LES TAUREAUX?

Pour certains, la corrida est un spectacle cruel qu'il faudrait interdire. En Espagne, elle est partie intégrante de la culture.

COURSE À RISQUES

Le danger est omniprésent face à ces bêtes surpuissantes, dotées de cornes imposantes. Depuis 1924, 30 personnes ont trouvé la mort au cours de ces fêtes et des centaines d'autres ont été blessées.

FRAYEUR

Qui aimerait se retrouver nez à nez avec un taureau survolté?

Lâcher de taureaux déboulant dans les rues poussiéreuses.

HOMME-CANON

Un homme peut-il réellement être propulsé par un canon – en fait une sorte de fusil géant – comme une balle ? La réponse est oui et cela se pratique depuis plus d'un siècle, dans le cadre d'un numéro de cirque ou d'un spectacle de cascadeur.

BANG !

Dans un bruit tonitruant et un panache de fumée, l'homme-canon se retrouve propulsé tête la première dans les airs. L'explosion et la fumée sont là pour pimenter le spectacle, mais le canon est activé par un dispositif à air comprimé ou un grand ressort – pas question de brûler l'homme-canon. Lorsque la cascade est bien préparée, l'homme atterrit en toute sécurité dans un filet ou sur un matelas pneumatique, 20 à 37 m plus loin.

RATÉ !

Rien ne doit être plus terrifiant que de réaliser tout à coup que tu vas rater la cible ! L'histoire a vu de nombreux homme-canon s'écraser en fin de course. D'autres, qui tentaient de franchir un cours d'eau, ont été engloutis, après un vol trop court.

UNE PIONNIÈRE

La première personne à tenter l'expérience fut une jeune fille de 14 ans, Rosa Richter, surnommée Zazel. Elle fut propulsée par un canon à ressort en 1877.

Dave « Cannonball » Smith, un homme-canon des temps modernes.

FRAYEUR

Un spectacle divertissant pour le public, mais certainement plus angoissant pour l'homme-canon !

ZORBING

Tu as déjà vu un hamster courir dans une boule en plastique ? Le zorbing se pratique avec une boule comparable, mais à taille humaine. Cette « bulle » présente une grande sphère extérieure et une petite sphère intérieure où prend place l'usager. L'espace entre les deux est rempli d'air, ce qui permet à l'engin de rebondir en toute sécurité.

ET ALORS ?

Le zorbing consiste à dévaler une pente enfermé dans une bulle. Une à trois personnes peuvent s'attacher ou se laisser ballotter dans la bulle. Alors que l'engin prend de la vitesse, en roulant jusqu'à atteindre 50 km/h, les occupants sont projetés contre les parois intérieures. Les risques sont inexistants, mais la trajectoire et les rotations de la bulle sont incontrôlables.

ENCORE PLUS FUN !

La pratique de l'hydrozorb consiste à s'enfermer dans une bulle remplie de quelques seaux d'eau. Autre option : s'installer dans une bulle opaque. Il existe aussi des bulles qui rebondissent de tous les côtés sous l'effet d'un puissant ventilateur.

Dévaler une pente pour vivre un moment de grand frisson.

FRAYEUR

e bulle plus amusante qu'effrayante, mais parfois source de nausée !

SÉCURITÉ Les accidents de zorbing sont rares, mais peuvent se produire lorsque la bulle ou les filets de sécurité qui freinent sa course se rompent. Vérifiez l'état de l'équipement avant de te lancer.

SURF EXTRÊME

Plus les vagues sont hautes, plus elles deviennent effrayantes. Dans certains secteurs d'Hawaï, de Californie et d'Australie se forment des vagues de plus de 20 m de hauteur, soit l'équivalent d'un immeuble de 8 étages. Des monstres auxquels s'attaquent certains surfeurs !

LA TECHNIQUE

En général, les surfeurs allongés à plat ventre sur leur planche pagaient des bras pour franchir la barre et attraper une vague en formation. Pour surfer des vagues plus grosses, le surfeur doit manœuvrer plus vite. Il utilise alors une planche plus large et rapide, ou se fait tirer par un jet ski. Cette technique permet d'utiliser de petites planches, plus faciles à contrôler, tout en étant sûr de surfer les vagues les plus hautes.

VAGUES

Une vague géante libère une puissance phénoménale, à même de briser en miettes un bateau. Tant que le surfeur glisse dans le tube formé par la vague, il est en sécurité. Mais à la moindre erreur ou chute, il est propulsé sous la vague et disparaît sous les eaux. Le surfeur doit alors batailler dur pour remonter en surface, avant l'arrivée de la vague suivante. En cas d'échec, il peut se retrouver projeté contre les rochers.

FRAYEUR

😨 😨 😨 😨

Les surfeurs affrontent certaines vagues géantes terrifiantes !

REQUINS Les surfeurs s'exposent aux attaques de requins (*voir* page 10). Ils passent beaucoup de temps à l'eau et, vus de dessous, quand ils pagaient sur leur planche, ils ressemblent à des otaries.

TYROLIENNE

Peut-être as-tu déjà essayé les minityroliennes de certains parcours sportifs. Harnaché et suspendu à un filin, retenu par une poignée, tu te laisses glisser au-dessus du sol. Une vraie tyrolienne a un dispositif similaire, mais la longueur et la hauteur du filin sont bien plus grandes.

POUR QUI ? POURQUOI ?

Les tyroliennes sont souvent installées pour les touristes, dans les forêts ou les parcs nationaux, afin d'offrir aux visiteurs des vues panoramiques sur la nature. Certains grimpeurs ou réalisateurs montent des tyroliennes pour atteindre des sites isolés, comme le sommet de pitons rocheux dressés en mer.

SENSATIONS ASSURÉES

La plus simple des tyroliennes fonctionne sur le principe de la gravité. Le filin relie un point de départ élevé à un point d'arrivée plus bas. Un filin tendu sur une grande distance permet d'atteindre une vitesse incroyable – près de 100 km/h. Certaines tyroliennes franchissent falaises, gorges ou cours d'eau. À Hawaï, le visiteur peut même glisser au-dessus du sommet d'un volcan !

Touristes appréciant un panorama sur la ville de Vancouver, au Canada.

FRAYEUR

…e expérience agréable pouvant virer …'angoisse, selon la hauteur du filin.

AVIS AUX AMATEURS Les tyroliennes se sont

répandues. Si l'expérience te tente, commence par un parcours près de chez toi – tu devrais trouver ton bonheur dans une forêt proche, un parc de loisirs ou un centre d'escalade.

FUNAMBULISME

Dans ce numéro de cirque, le funambule évolue sur une corde ou un câble tendu à une certaine hauteur du sol, parfois en réalisant des acrobaties. D'autres accomplissent des exploits impressionnants, en franchissant par exemple des gorges ou des chutes d'eau.

FRAYEUR

On se demande bien ce qui les pousse à évoluer à de telles hauteurs !

Progression à risques pour Philippe Petit au-dessus des toits de Paris.

COMMENT FONT-ILS ?

Difficile de rester en équilibre sur un câble aussi étroit ! La technique exige des années d'apprentissage. Le funambule porte des chaussons souples, favorisant la progression et l'adhésion au câble. Maîtrise et calme s'imposent !

PROUESSES

Dans les années 1850, le funambule Jean-François Gravelet se fit connaître en franchissant les chutes du Niagara. Il réitéra son exploit plusieurs fois, souvent de façon étonnante, en portant un homme sur son dos, à bicyclette ou encore sur des échasses ! Un jour, il se prépara une omelette sur un réchaud, au-dessus du vide. Philippe Petit, lui, progressa sur un câble tendu entre les tours de l'ancien World Trade Center, aux États-Unis.

ÉQUILIBRE Marcher sur un câble à l'aide d'un balancier facilite les choses. Le balancier flexible se courbe de chaque côté, et ce contrepoids aide le funambule à conserver son équilibre.

TRAPÈZE

Quoi de plus simple qu'un trapèze? Une tige de bois supportée par deux cordes. Ce dispositif permet pourtant aux trapézistes de cirque de nous émerveiller ou de nous faire frémir lorsqu'ils s'élancent dans les airs, sautant d'un trapèze à l'autre ou effectuant des sauts périlleux, face à leur partenaire qui les rattrapent.

INCROYABLES ACROBATIES

Les trapézistes évoluent avec une étonnante facilité, même si se balancer sur un trapèze n'a rien d'évident. Les professionnels s'entraînent dur pour maîtriser d'incroyables voltiges aériennes, comme le triple saut périlleux rattrapé par un partenaire ou la suspension d'une seule jambe.

VOLANT OU STATIQUE

Le trapéziste peut évoluer sur un trapèze qui se balance – le trapèze volant –, ou sur un trapèze statique. Moins intéressant? Détrompe-toi! Le trapèze peut être suspendu sous un hélicoptère ou au-dessus d'une gorge. Certains intrépides ont réalisé de vraies prouesses sur des trapèzes perchés à des centaines de mètres de hauteur.

À TOI! Pourquoi ne pas prendre des cours? Tu apprendras en sécurité, relié à une corde de secours et travailleras au-dessus d'un filet, en cas de chute.

Leçons de trapèze à la station de ski de Whistler, au Canada.

FRAYEUR

Le doute peut s'installer quand on compte sur autrui pour se rattraper!

FREESTYLE MOTOCROSS

Le cascadeur s'élance le long d'une longue ligne droite. Au-dessus de lui, une rampe géante. La moto la gravit à vive allure et se retrouve propulsée dans les airs. Le cascadeur va-t-il atterrir sain et sauf ?

Étonnante figure en plein ciel !

ENVOL

Au-delà du cran, le freestyle motocross exige du talent, de l'expérience et une moto fiable. La réussite d'un saut dépend de la façon dont le cascadeur s'élance sur la rampe, avant d'atterrir en douceur. Il doit maintenir sa moto en équilibre dans les airs et, bien sûr, ne pas perdre son sang-froid. Une fois élancé, le cascadeur ne peut plus faire machine arrière !

SENSATIONS FORTES

En 2010, le pilote australien Robie « Maddo » Maddison a réussi un saut de 85 m au-dessus des falaises au pied desquelles coule le canal de Corinthe, en Grèce. À mi-saut, sa moto se trouvait à 95 m au-dessus de l'eau. Maddison est aussi connu pour avoir réalisé un salto arrière en moto en franchissant le Tower Bridge, à Londres.

FRAYEUR

Effrayant à voir, même si les champions maîtrisent la situation.

ACCIDENT ! Un saut peut mal se terminer si le pilote ne lance pas sa moto à pleine vitesse ou perd le contrôle de sa machine. Les cascadeurs portent casques et combinaisons rembourrées, mais les chutes sont souvent dramatiques.

AVALEUR DE SABRE

Le numéro d'un avaleur de sabre semble relever de l'illusion – on imagine qu'il utilise un sabre truqué ou qu'il dissimule l'objet au lieu de l'avaler. En réalité, cet artiste avale bien un ou parfois plusieurs sabres, en les introduisant dans sa gorge! Mais comment fait-il?

FRAYEUR

😰 😰

Réalisé par un professionnel, et exploit n'est pas trop effrayant.

BOUCHE BÉE

En avalant un sabre, la lame passe par la bouche, pénètre le long de la gorge et descend vers l'œsophage, conduisant à l'estomac – la pointe de la lame rejoint parfois l'estomac! En général, ce parcours est plutôt sinueux. Pour faciliter les choses, l'avaleur de sabre renverse sa tête en arrière et relâche ses muscles abdominaux.

AMATEUR, S'ABSTENIR!

Ne tente jamais l'expérience! Au mieux, tu terminerais avec la gorge irritée, au pire tu te perforerais l'estomac – terrible, non?

N'essaye pas de l'imiter!

TOUJOURS PLUS Les avaleurs de sabres tentent toujours d'établir de nouveaux records, en essayant d'avaler le plus de sabres possibles simultanément, parfois jusqu'à 16, selon la finesse des lames.

SAUT DANS LE VIDE

Les cascadeurs qui sautent dans le vide sont projetés par un canon, traversent une vitre ou parfois même se transforment en torche vivante avant de s'élancer!

RÉALITÉ OU FICTION?

Certains cascadeurs sautent véritablement, mais d'autres portent en réalité un harnais relié à un filin. Parfois, ils sont pendus à une corde élastique, d'une longueur étudiée pour qu'ils achèvent leur chute au ras du sol. Il suffit ensuite de retoucher habilement les images, en gommant la corde ou le câble, pour donner l'illusion d'une chute sans artifice.

Ce cascadeur transformé en torche vivante va atterrir sur un coussin d'air.

CHUTE LIBRE

Chuter de plus de 60 m de hauteur a de quoi te glacer le sang. Pour réussir ce genre d'exploit, les cascadeurs doivent faire preuve d'une extrême précision, afin d'atterrir en toute sécurité sur un matelas amortisseur. L'aire d'atterrissage peut être jonchée de piles de cartons qui amortissent l'impact, ou tapissée d'un grand coussin d'air conçu à cet effet.

FRAYEUR

Un saut bien organisé doit susciter terreur et effroi parmi le public.

PAS DE REBOND!

Les coussins d'air utilisés sont conçus pour laisser s'échapper l'air au moment de l'impact, afin d'éviter tout rebond.

CHASSE AUX TORNADES

Cette activité porte bien son nom – il s'agit bien de traquer les tornades, afin de s'en approcher au plus près. Les amateurs ont un faible pour les tornades les plus violentes – dont les vents destructeurs tournoient en spirale. Ce spectacle est à couper le souffle, mais aussi très effrayant lorsqu'il est observé de près !

POURQUOI ?

Il y a mille et unes raisons de chasser les tornades. Les météorologues s'approchent des tornades pour mieux les étudier. Les journalistes rendent compte de l'événement. Pour d'autres encore, cette activité relève d'une véritable passion.

VISION D'APOCALYPSE

Les chasseurs de tornades se rendent rapidement à l'endroit où le phénomène est attendu. Ils guettent les signes d'apparition de la tornade – un grondement ou un obscurcissement du ciel. Une tornade peut brusquement dévier de sa trajectoire. Prudence !

LE SAVAIS-TU ?

Le risque d'être aspiré par une tornade rend cette activité terrifiante. Néanmoins, sache que l'on court bien plus de risques à conduire trop vite ou à être distrait !

FRAYEUR

Les chasseurs les plus chanceux assistent à un spectacle inoubliable !

Chasseurs de tornade au Kansas (États-Unis) s'approchant d'une cellule orageuse – un phénomène susceptible d'engendrer une tornade.

REMERCIEMENTS

L'éditeur tient à remercier les organismes suivants pour l'aimable autorisation de reproduction de leurs images.

Légende : h = haut ; b = bas ; c = centre ; d = droite ; g = gauche ; f = fond.

Couverture : dans le sens des aiguilles d'une montre, en partant du haut, à gauche : UPI Photo/Carlos Gutierrez ; Shutterstock/Brett Mulcahy ; Shutterstock/EVRON ; Shutterstock/Edwin Verin ; Shutterstock/Ivan Cholakov Gostock-dot-net ; Shutterstock/Audrey Snider-Bell.

Pages : 1 Shutterstock/Chudakov ; 2-3 Corbis/LA Daily News/Gene Blevins ; 4-5 Alamy/Art Directors & TRIP ; 6-7 Shutterstock/Christope Michot ; 8 Science Photo Library/NOAA ; 9 Nature Picture Library/Martin Dohrn ; 10 Nature Picture Library/Jeff Rotman ; 11 Ardea/Thomas Marent ; 12 Ardea/John Daniels ; 13 Nature Picture Library/Daniel Heuclin ; 14 Photo Library/Tim Scoones ; 15 Corbis/Roger Ressmeyer ; 16 Alamy/Westend61 GmbH ; 17 Alamy/Peter Arnold, Inc. ; 18h Corbis/Paul Souders ; 18b Corbis ; 19 The Kobal Collection/Warner Bros ; 20 Reuters/Stringer Australia ; 21 Corbis/Galen Rowell ; 22 Alamy/Graham Hughes ; 23 Corbis/Andrew Brownbill ; 24 Corbis/Arctic-Images ; 25 Corbis/Mike Hollingshead ; 26 Shutterstock/Melanie Metz ; 27 Shutterstock/Sybille Yates ; 28 Alamy/Theirry Grun ; 29 Public Domain/Tuohirulla ; 30 Alamy/Mike Goldwater ; 31 Getty/Oliver Furrer ; 32 Shutterstock/Molodec ; 33 Science Photo Library/Daniel L. Osborne ; 34h Science Photo Library/Jim Reed ; 34c Science Photo Library/Jim Edds ; 35 Alamy/Andrew McConnell ; 36 Shutterstock/StijntS ; 37 Photolibrary/Cahir Davitt ; 38 Alamy/MARKA ; 39 Getty/Keren Su ; 40 Shutterstock/Ttphoto ; 41 Alamy/Damon Coulter ; 42 Corbis/Keystone/Arno Balzarini ; 43 Corbis/Jonathan Blair ; 44 Jeffrey Kwan ; 45f Alamy/Paul Thompson ; 45c Corbis/Imaginechina ; 46f and 46c Corbis/National Geographic Society/John Burcham ; 47f Alamy/Collpicto ; 47b Corbis/Paul A. Souders ; 48 Shutterstock/Natalia Bratslavsky ; 49 Corbis/Eddi Boehnke ; 50 Alamy/Tim Whitby ; 51 Alamy/Edward North ; 52 Alamy/Steve Hamblin ; 53 Topfoto ; 54 Corbis/Patrick Ward ; 55 Alamy/The Marsden Archive ; 56 Alamy/The Marsden Archive ; 57 Corbis/ Jean-Pierre Lescourret ; 58 Corbis/Jonathan Blail ; 59 Alamy/Gary Doak ; 60 Shutterstock/Janos Levente ; 61 Shutterstock/Margaret M Stewart ; 62 Corbis/ Antonino Barbagallo ; 63 Shutterstock/Russell Swain ; 64 Alamy/Christian Darkin ; 65 Alamy/Dale O'Dell ; 66 Alamy/Jan Tadeusz ; 67 Alamy/Steve Bielschowsky ; 68 Shutterstock/loriklaszlo ; 69 Science Photo Library/Victor Habbick Visions ; 70 Fortean Picture Library/Ella Louise Fortune ; 71 Shutterstock/Markus Gann ; 72 Getty/Thinkstock ; 73 Alamy/Gaertner ; 74 Science Picture Library/J.G. Golden ; 75 Alamy/ Robert Harding Picture Library Ltd ; 76 Science Photo Library/NASA ; 77 NASA/CXC/M.Weiss ; 78 Science Photo Library/3D4Medical.com ; 79 Science Photo Library/Eye of Science ; 80 Science Photo Library/Tim Vernon ; 81 Corbis/Thomas Roepke ; 82 Alamy/Peter M. Wilson ; 83 Shutterstock/Terrance Emerson ; 84 Alamy/Rex ; 85 Reuters/Marko Djurica ; 86 Getty/Ken Fisher ; 87 Getty/Oliver Furrer ; 88 Shutterstock/ Vitalii Nesterchuk ; 89 Getty/William R Sallaz ; 90 Alamy/RIA Novosti ; 91 Alamy/Travelscape Images ; 92 Corbis/Dusko Despotovic ; 93 Alamy/blickwinkel ; 94 Getty/Stephen Alvarez ; 95 Alamy/Jeremy Sutton-Hibbert ; 96 Corbis/Rolf Kosecki ; 97 Corbis/Mike Powell ; 98 Corbis/Aurora Photos/Keith Ladzinski ; 99 Corbis/Thilo Brunner ; 100 Corbis/David Madison ; 101 Corbis/EPA/Jim Hollander ; 102 Alamy/ Agripicture Images ; 103 Shutterstock/Chris Turner ; 104 Getty/Rick Hyman ; 105 Corbis/EPA/Kim Ludbrook ; 106 Corbis/Sygma/Patrick Durand ; 107 Alamy/WorldFoto ; 108 Alamy/Chris McLennan ; 109 Shutterstock/Antonio Petrone ; 110 Alamy/ celebrity ; 111 Corbis/Jim Reed.